Langenscheidt

A Mobile Love Affair – Liebespost per SMS

von Angela Waidmann

Langenscheidt

Berlin · München · Wien · Zürich · New York

Lektorat: Marion Schweizer
Englischsprachiges Lektorat: Charlotte Collins
Coverzeichnung: Kirill Chudinskiy

*Für Hildegard Coenen,
Biologin, Tierschützerin, Katzenfan und die beste Freundin, die man sich nur wünschen kann.*

Vielen Dank an Bernadette und Magdalena Schwab, Judith Buhleiner und Sabrina Fries, damals 15 und 18 Jahre alt, die gemeinsam mit mir die Idee zu dieser Geschichte entwickelt haben.

Angela Waidmann

www.langenscheidt.de

Umwelthinweis: gedruckt auf chlorfrei gebleichtem Papier

Druck: Mercedes-Druck GmbH, Berlin
Printed in Germany

ISBN: 978-3-468-20477-7

2. 3. 4. 5. * 11 10 09 08 07

DER PRINZ des Herbstes
Nachrichten vom Dichterfürsten

Es ist ein ganz normaler Montagabend. Eigentlich.
Es ist Anfang September, die Sommerferien sind seit drei Wochen zu Ende und ich war wie jeden Montag mit meiner besten Freundin Fiona beim Schwimmtraining. Was diesmal ganz schön anstrengend war: Zuerst haben wir Konditionstraining gemacht und dann noch für das bronzene Lebensrettungs-Abzeichen geübt. Puh!
Jetzt sitzen wir nebeneinander auf einer Bank im Park, genießen die warme Abendsonne und pauken Theorie für den Rettungsschein. Wir sprechen natürlich wie immer Englisch. Englisch ist eigentlich meine Muttersprache, weshalb ich sogar auf Englisch denke. Meistens jedenfalls. Die ersten sieben Jahre meines Lebens bin ich in Großbritannien aufgewachsen, wo mein Vater damals gearbeitet und meine Mutter kennengelernt hat, die Engländerin ist. Danach sind wir nach Deutschland gezogen – genauer: nach Köln – weil die Firma meines Vaters ihre Zentrale hierherverlegt hat. Und gleich an meinem ersten Schultag in Germany habe ich Fiona kennengelernt, denn unsere Lehrerin hat uns in weiser Voraussicht nebeneinander gesetzt. Sie wusste nämlich, dass Fionas Mutter aus Irland stammt und darum auch bei ihr zu Hause meistens Englisch gesprochen wird. Da dachte sie wohl, wir

würden bestimmt gut zusammenpassen. Und so war es auch. Erst waren wir beide einfach froh, jemanden zu haben, mit dem wir auf Englisch so richtig schön quatschen konnten. Und wir stellten beide schnell fest, dass wir uns auch sonst fabelhaft verstehen. Leider hat die Lehrerin uns bald wieder auseinander gesetzt, weil wir im Unterricht pausenlos geschwätzt haben. Englisch natürlich, also eigentlich pädagogisch wertvoll, aber das hat uns nichts genützt. Das war vor sechs Jahren, doch Fiona ist immer noch meine allerbeste Freundin. Inzwischen gehen wir auf das gleiche Gymnasium, und zwar in die siebte Klasse. Klar, dass wir jetzt wieder nebeneinander sitzen und immer noch ganz viel schwätzen, bloß nicht mehr so auffällig.

to drown ertrinken
direction Richtung
to breathe new life into sb jdm neues Leben einhauchen
male männlich
such solch

"Jackie, let's talk about how to rescue someone who**'s drowning**", schlägt Fiona vor. "Wait a minute, I have to look for the right page first." Sie blättert in den Materialien und findet schließlich auch die richtige Seite mit den Prüfungsfragen: "What would you do if you saw someone drowning in a river?"
Da muss ich nicht lange überlegen. "I'd run in the **direction** the drowning person is being carried by the water", antworte ich. "While running, I'd take off some of my clothes ..."
"This will already **breathe new life into** the drowning person – if they're **male**, that is", konstatiert die beste Freundin von allen.
Ich muss kichern. "Don't be silly! The poor guy is probably in **such** trouble that he won't even realize he's

flat flach
female weiblich
slim schlank
straight gerade
lip Lippe
sexless geschlechtslos
as many as possible so viele wie möglich
to deny abstreiten
side effect Nebenwirkung
to drag schleppen
bank Ufer
to swim backstroke rückenschwimmen
to panic in Panik geraten
to be in danger of in Gefahr sein

being saved by a girl. Anyway, my chest is so **flat** that he'll have to look twice to notice that I'm **female**. He's not going to have time for that."
Fiona sieht mich nachdenklich an. "What I can see looks *very* female to me: tall, **slim** body, long legs, pretty face, **straight** nose, beautiful **lips**, brown eyes and long blonde hair … I'm more worried that if you take your clothes off in front of a drowning man, the poor guy might think he's already in heaven."
"Angels are **sexless**", widerspreche ich und wechsle schnell wieder das Thema. "I have to get rid of **as many** clothes **as possible** because when they get wet they get heavy, and I won't be able to swim as fast."
Jetzt muss Fiona doch grinsen. "Okay, but you can't **deny** that there might be **side effects**." Sie lässt sich auf der Bank ein wenig tiefer rutschen, reckt die Arme und hält ihr Gesicht in die warme Sonne.
Ich gebe mir Mühe, ernst zu bleiben. "Again. I run in the direction the drowning person is being taken by the water until I can overtake him. Then I jump into the river and grab the poor guy … or the poor woman. Then I **drag** him to the **bank**, **swimming backstroke**."
Fiona nickt. "Right. And what do you do if … er … the person **panics** and clings to you so hard that you**'re in danger of** drowning too?"

> **God Save The Queen** *britische Nationalhymne*

Ich will ihr gerade etwas von dem berühmten Griff zwischen Daumen und Zeigefinger des Ertrinkenden erzählen, der so empfindlich weh tut, dass mich sogar der allerpanischste Ertrinkende garantiert wieder loslässt, da spielt mein Handy ***God Save The Queen***. Das ist das Zeichen für eine SMS. Ich greife in meine Jackentasche, hole das Telefon heraus, rufe die Nachricht ab und lese:

```
Schönste Königin des Sommers!
Die Sonne verblasst gegen den
Glanz deines Haars.
Ich bin mir sicher, dass du es
warst,
die mein Leben erfüllte mit Licht.
Schönes Mädchen, sage mir nicht,
dass du mich nicht liebst,
weil du mir damit Verzweiflung nur
gibst.
Du weißt noch nicht, wer ich bin,
sei gegrüßt bis dahin,
bis zu jenem künftigen Tag,
an dem ich mich dir zeigen mag.
Es verehrt dich sehr
und liebt dich immer mehr
dein Prinz des Herbstes.
```

“Oh my God, what’s this? And who …?”, stammle ich. Überrascht sieht mich Fiona an, dann schaut sie auf das Display, liest … und ihr klappt die Kinnlade runter.

Geistesgegenwärtig rufe ich die Telefonnummer des Absenders ab. Sie lautet: 0166/414514. Fehlanzeige. Ich kenne die Nummer nicht.
"What a beautiful poem!" Fiona ist hingerissen. "The guy who **wrote** it is really **talented**. Where did you meet him? Why didn't you tell me anything about him? He must be a very interesting person. What does he look like? Is he tall, dark and **handsome**?"
Ich stoße einen abgrundtiefen Seufzer aus. "Believe it or not, I don't know who this is. As you can see, he didn't write his name. I don't even recognize the **phone number**."
Ratlos reibe ich mir das Kinn und denke nach, bis mir die Erleuchtung kommt. Des Rätsels Lösung ist einfach:
"Our **poet** probably just **keyed in** the wrong number." Ich lösche die SMS mit ein paar schnellen, entschlossenen Fingerbewegungen.
Fiona runzelt die Stirn. "You should have phoned him back. Then you'd know who he was. And if he did key in a wrong number, he'd know that he has to send his poem again to the right person."
Sie hat recht. Warum nur habe ich nicht einfach zurückgerufen? Aber ich weiß schon: Ganz weit hinten in meinem Hinterkopf hat diese kleine Alarmglocke geläutet. Und ausnahmsweise habe ich darauf gehört.
"Listen, Fiona. Suppose our poet is **some** guy from our school **whom** I don't like at all", erkläre ich laut. "Or what if he's some **madman** I don't even know? Maybe

to write (wrote, written) schreiben
talented begabt
handsome gut aussehend
phone number Telefonnummer
poet Dichter(in)
to key in eintippen
some *hier:* irgendein
whom den
madman Verrückter

he sends his poems to lots of women, hoping that one day a nice girl will phone back and **make friends** with him. Things like that happen sometimes, you know."
Fiona runzelt die Stirn. "Yes, I suppose you're right. Okay, let's forget about it and **get on with** more important things." Sie drückt mir das DLRG-Heft in die Hand. "Come on, ask me something."
Ich werfe einen kurzen Blick hinein. "What **percentage** of air is **oxygen**?", will ich wissen.

to make friends sich anfreunden
to get on with sth etw weiter machen
percentage Prozentanteil
oxygen Sauerstoff

"Twenty-one." Fionas Antwort kommt wie aus der Pistole geschossen.

Am Dienstagmittag schwitze ich über den Mathe-Hausaufgaben. Algebra, ausgerechnet! Ich rechne frustriert vor mich hin und werfe dabei immer wieder neidische Blicke auf meinen Kater Dracula, der auf dem Sofa liegt und döst.
Dracula heißt er aus mehreren Gründen, erstens weil er geradezu unheimlich schwarz ist, zweitens weil er fast den ganzen Tag verschläft und nachts auf die Pirsch geht und drittens weil mein Vater findet, dass seine spitzen Fangzähne mindestens so gefährlich sind wie die Beißer eines Vampirs. Im Gegensatz zu seinem literarischen Vorbild kommt unser Dracula allerdings nicht aus Rumänien, sondern aus England. Er wurde als drittes Junges im ersten Wurf der Katze unserer damaligen Nachbarn geboren. Wir, also meine Eltern und ich, haben uns sofort in das niedliche schwarze Wollknäuel verliebt. Als es drei Monate alt war, ist

es bei uns eingezogen. Klar, dass wir unseren heiß geliebten Dracula mit nach Deutschland genommen haben.
Manchmal glaube ich aber, dass er immer noch ein bisschen Heimweh nach good old Britain hat. Zum Beispiel, wenn er mit sehnsuchtsvollem Blick am Küchenfenster sitzt und auf die Straße schaut.
Um ihm den Aufenthalt in Germany ein wenig zu versüßen, sprechen wir immer noch Englisch mit ihm. Denn falls er überhaupt in so etwas Ähnlichem wie einer menschlichen Sprache denkt, dann ganz bestimmt in Englisch. Katzen sind ja angeblich konservativ. Britische Katzen sind es sogar ganz sicher.
Statt weiterzurechnen, beobachte ich ihn, wie er sich auf seinem Kissen räkelt und mir gähnend seine spitzen Zähne zeigt, wie er sich wieder zusammenrollt und dann gemütlich weiterschläft.
"Dear Dracula, I'd like to lie on the sofa, too", seufze ich frustriert. "But I have to do my maths homework instead. Just two more questions and I'll have finished. Then I can go swimming or eat an ice cream or even lie in bed and dream nice dreams, like you do."
Ich beiße die Zähne zusammen und kämpfe mich mit letzter Kraft durch den algebraischen Sumpf. Endlich kann ich meine Schultasche für morgen packen, da spielt mein Handy *God Save The Queen*.
Dracula hebt seinen schönen, großen Katerkopf und spitzt die schwarzen Ohren.
Ich stecke noch schnell das Erdkundebuch in meinen Rucksack und mache ihn zu. Dann ziehe ich das Handy aus meiner Hosentasche:

Hallo, schönste Königin des Sommers!
Vor mir seh ich nur dein Gesicht;
die Gedanken an dich
lassen mir keine Ruh.
Ich frag mich immerzu,
was du gerade tust,
ob du liest oder ruhst.
Doch was du auch machst,
schön wär's, hab ich gedacht,
wir täten's gemeinsam.
Ohne dich bin ich einsam!
Dein dich ewig liebender Prinz des Herbstes.

Hektisch rufe ich noch einmal die Telefonnummer ab. Es ist dieselbe: 0166/414514. **Bloody hell**, fluche ich innerlich. I really don't recognize this number, although it's easy to remember. Ratlos sinke ich neben meinem Kater aufs Sofa und starre das Display an.

"Just imagine", versuche ich Dracula meine Situation zu beschreiben. "For the second time in two days someone I don't know has sent me a love poem. Maybe he's got the wrong phone number. But maybe he's really in love with me. Why doesn't he tell me his name, **though**, if he really does **fancy** me? And why doesn't he just **turn up** with a nice **bunch of flowers**? Maybe he's **ugly**, with a huge scar on his face; or maybe he's a **criminal** … or maybe he's married! Help me, Dracula!"

Bloody hell! Verdammte Scheiße!
though aber
to fancy sb auf jdn scharf sein
to turn up auftauchen
bunch of flowers Blumenstrauß
ugly hässlich
criminal Verbrecher(in)

to text eine SMS schicken
there's no point es hat keinen Sinn
yourself *hier:* dich
thought Gedanke
rest Ruhe
to compose verfassen
anonymously anonym
coward Feigling
sweetheart Liebste(r)
tom(cat) Kater
fight Kampf
that way so

Zutiefst beunruhigt lasse ich mich rücklings aufs Sofa fallen und starre an die Decke. "Come on, Jackie", sage ich irgendwann laut zu mir selbst. "You shouldn't worry so much about these things. All you know is that somebody's **texting** you love poems. And they're not bad, either – they're really nice verses. That's all you know. **There's no point** in scaring **yourself** with horror stories."
Dracula steht auf. Er reckt sich, gähnt ausgiebig und klettert auf meinen Bauch. Zärtlich stupst er mich mit der Nase an, dann rollt er sich zusammen und wartet darauf, dass ich ihn streichle.
Ich kraule ihm den Hals und ziehe mir dabei noch einmal die Zeilen auf meinem Handy rein.
"Listen, Dracula." Der Kater schnurrt zufrieden. "*I see only your face. The **thought** of you gives me no **rest**.* That sounds nice, doesn't it?"
Dracula hebt den schwarzen Kopf und sieht mich mit seinen phosphorgelben Augen aufmerksam an. Sicher will er mir etwas sagen, vielleicht das hier: "Well, Jackie, cats **compose** love poems too, you know, usually in February and in August. But we don't send them **anonymously** like **cowards**. We sing them under our **sweetheart**'s window. And if another **tomcat** turns up who also wants to sing, then of course there's a **fight**. **That way** our females can easily decide who they prefer. I think your secret poet should do exactly the same: turn up at your window and sing."

Zärtlich reibt er seinen Kopf an meinem Oberarm. Ich kraule ihn hinter den Ohren und er streckt sich wieder schnurrend auf meinem Bauch aus.
"You're right, old friend. This guy should tell me who he is", erkläre ich. Dann lösche ich die SMS und stecke mein Handy wieder in die Hosentasche. "I'd better forget about this. Maybe I'll never hear from him again."

Eine Weile sieht es so aus, als wäre ich diese Sorge tatsächlich los. Der Dienstagnachmittag vergeht und dann der ganze Mittwoch, ohne dass der ominöse *Prinz des Herbstes* sich meldet. Am Donnerstagmorgen habe ich ihn schon so gut wie vergessen.
In der großen Pause sitzen wir auf einer Bank an der Schulhofmauer und Fiona fragt: "Jackie, shall we go to the cinema on Saturday evening, or would you prefer to go to the party at school?"
Da erklingt mal wieder *God Save The Queen* aus meiner Hosentasche. Arglos ziehe ich das Handy heraus, rufe die Nachricht ab ... und mir bleibt der Mund offen stehen.

Guten Morgen, schönste Königin des Sommers!
Die Sonne spielt in deinem Haar,
das Blond wie Gold so wunderbar.
Die Augen braun und strahlend klar,
leuchten wie zwei Edelstein'.
Ach, könnte ich doch bei dir sein!
Dein dich von Herzen verehrender
Prinz des Herbstes.

Wortlos zeige ich Fiona die Nachricht.
"It's him again", stellt sie nüchtern fest.
Ich seufze. "It's the third poem he's sent me. He sent me another the day before yesterday. You want to hear it?"
Die SMS habe ich bereits gelöscht, aber ich kann das Gedicht aus dem Gedächtnis hersagen.
"I wonder why I remembered it", füge ich hinzu. Fiona wirft einen kritischen Blick auf das Handy.

Eek! Iih!

"Jackie, this guy knows you", stellt sie fest. "Just listen: '*Die Sonne spielt in deinem Haar, das Blond wie Gold so wunderbar. Die Augen braun und strahlend klar …*' He knows exactly what you look like!"
Eek! I didn't realize that, denke ich erschrocken. But Fiona's right … So this guy does know what he's doing. It's definitely not a wrong number.
Verstohlen sehe ich mich um, weil mir plötzlich in den Sinn kommt, dass vielleicht auf dem Schulhof ein Junge – womöglich ein *ganz bestimmter*! – steht und mich heimlich beobachtet.
Aber weit und breit sind nur Schüler und Lehrer zu sehen, die entweder Fußball oder Karten spielen oder in den Ecken herumstehen und schwatzen. Niemand, der mich mit Blicken fixiert. Vielleicht hinter einem Fenster?
Fiona folgt meinem ängstlichen Blick. "Hey, don't start getting paranoid!", warnt sie mich.
"You can talk", brumme ich, aber dann kommt mir eine Idee: "If this autumn prince does know me, he can't be a madman who sends his poems to twenty women at the same time."

“Definitely not”, stimmt mir meine Freundin zu. “This boy’s in love with *you* and nobody else.”
Ein schönes Gefühl. Eigentlich.
“But why doesn’t he talk to me openly?”, überlege ich laut. “**I can’t help it**, I have to find out who he is. I’ll keep his number this time.”
Dann rufe ich kurz entschlossen die Auskunft an.
Ich gebe die Nummer durch und warte mit klopfendem Herzen auf das Ergebnis.
“Unter dieser Nummer ist kein Teilnehmer eingetragen.”
Ich unterbreche die Verbindung und starre ratlos auf mein kleines, silbern glänzendes Handy.
“Who is it?” Fionas ungeduldige Stimme reißt mich aus meiner Erstarrung.
“The number’s not **listed**”, sage ich leise.
“Oh dear! **Never mind.**” Fiona nimmt mich tröstend in den Arm.
Da läutet die Schulglocke. Fiona fasst meine rechte Hand und zieht mich hoch. Wir schieben uns im Pulk der anderen Schüler zurück ins Schulgebäude und die Treppe hinauf in unsere Klasse. Dabei schaue ich immer wieder nervös über die Schulter nach hinten, denn mich lässt der Gedanke nicht los: **Who the hell** is the guy who’s sending me these love poems?
“Hey, Jackie!” Fiona stößt mich an. Grinsend und mit Verschwörerstimme flüstert sie: “You’re looking for the poet, aren’t you? Well, maybe he’s the boy behind us – Victor with the curly black hair from year twelve. I looked at him just now and he immediately looked away.”

I can’t help it Ich kann nicht anders
listed eingetragen
Never mind. Macht nichts.
who the hell wer zum Teufel

Ich beschließe, ihr Spielchen mitzumachen, denn auf Englisch kann uns keiner von den Leuten um uns herum verstehen. Hoffe ich wenigstens.

"I **reckon** it's the tall boy in front of me with the brown hair", vermute ich. "His name's Andreas, I think, and he's in year ten. Yesterday, in the playground, his football hit me on the shoulder. Okay, things like that happen sometimes. But who knows? Maybe he did it **on purpose** ... Well, at least we can be sure it isn't Marcel Mrosek from year eight. Look, he's just pushing his way through the crowd over there."

to reckon schätzen
on purpose absichtlich
to get involved with sb sich mit jdm einlassen
vain eitel
admiringly bewundernd
glad froh
to pay (paid, paid) attention to sb Beachtung schenken
to exaggerate übertreiben
hardly kaum

Blond und blauäugig, sportlich und beinahe so gut aussehend wie Brad Pitt, wenn auch etwas kräftiger und mit Brille, ist Marcel der Schwarm der halben Schule. Zumindest ihres weiblichen Teils. Dabei weiß ich gar nicht, was die alle an ihm finden.

"You don't like him, do you?" Fiona grinst mich an, als wir unser Klassenzimmer betreten und zu unseren Plätzen gehen.

"I just wouldn't like to **get involved with** a boy who's as **vain** as he is", gebe ich zu. "Did you see what an arrogant look he just gave the little girl from year six who looked at him so **admiringly**?" Mit einem Seufzer lasse ich mich auf meinen Stuhl fallen. "Anyway, I'm **glad** Marcel **has** never **paid** me any **attention**."

"Come on", meint Fiona. "I think you**'re exaggerating**. I **hardly** know Marcel, but he seems okay to me."

Ich antworte ihr nicht, denn soeben schießt mir schon wieder eine dieser fürchterlichen Horrorideen durch den Kopf: What if my poet is a stalker? Someone who's secretly watching me – then one day, when I'm alone **in the dark**, he'll ... oh, what a horrible thought! Ich muss mich zusammenreißen. "Come on, Jackie, you shouldn't always think of the worst things first", sage ich ganz leise zu mir selbst. Aber tief in mir drin hört eine andere, warnende Stimme nicht auf, mir zuzuflüstern: Watch out, Jackie! You shouldn't walk through the **woods** alone any more. And you definitely shouldn't go out alone in the dark!

Es ist fünf nach vier, als ich endlich Fiona anrufe. Wir hatten uns für den Nachmittag verabredet.
"Hi", begrüßt sie mich. "What have you been doing all afternoon? I finished my homework an hour ago."
Ich schnaube. "*You* aren't being followed by an invisible poet. *I am*, **unfortunately**, and I couldn't **concentrate** on maths at all. Even while I was supposed to be doing my English **reading** I **was staring into space** most of the time. And of course English is no problem for me, usually. But I've done it at last. You can **come round** now if you like."
Ein Viertelstunde später habe ich meine Schulsachen für den nächsten Tag gepackt und koche uns gerade einen richtig guten englischen Tee, als Fiona eintrifft.
Ich gieße uns Tee ein, hebe sachte den gähnenden

in the dark im Dunkeln
wood(s) Wald
unfortunately leider
to concentrate sich konzentrieren
reading Lektüre
to stare into space ins Leere starren
to come round vorbeikommen

mysterious mysteriös
directory enquiries Telefonauskunft
hopefully hoffentlich
to bet (bet, bet) wetten
within innerhalb

Dracula vom Sofa und wir setzen uns nebeneinander.
"Very good tea", meint Fiona anerkennend, stellt ihre Tasse wieder hin und kramt Notizblock und Kugelschreiber aus ihrer Handtasche. Sie will die Sache jetzt systematisch angehen und sie kommt mir vor wie eine Ermittlerin von der Kripo auf der Spur eines mysteriösen Täters. Ich bin die Zeugin, die zur Tat vernommen wird.
"Let's see what we know about this **mysterious** poet. You remember his phone number, don't you?"
"0166/414514."
Fiona kritzelt sie aufs Papier. "And **directory enquiries** can't tell us whose it is", konstatiert sie und macht sich auch dazu eine Notiz.
Ich zucke nur stumm die Achseln.
"Okay." Sie lässt ihren Kugelschreiber sinken. "Well, I think you should just call that mysterious number. **Hopefully** he'll answer, and then you'll know who he is."
"Never!", rufe ich aus. "What if he's a boy from our class who's just playing a game with me? Maybe he **bet** his friends that he could make me call him back **within** a week, or something like that! Or what if he's a madman who's been secretly watching me? And what if this ... this autumn prince is married? Suppose his wife answered my call! Horrible!"
Während ich wie wild auf Fiona einrede, wird ihre Gesichtsfarbe unter dem letzten Rest ihrer Sommerbräune immer blasser.

"Yes", meint sie schließlich betreten. "I didn't think about all this. But you're right: if this poet doesn't want to introduce himself properly, he must have a reason. Which we don't know."
Sie greift wieder zum Kugelschreiber und notiert in großen Druckbuchstaben: PHONING THE POET IS TOO DANGEROUS!!!
Schweigend sehen wir uns an. Fiona nippt noch einmal an ihrem Tee.
Dracula, der den Ernst der Lage zu spüren scheint, streicht um meine Beine. Dann springt er auf meinen Schoß und reibt tröstend seinen Kopf an meiner Schulter. Dankbar kraule ich ihm das Fell und er macht es sich auf meinen Knien gemütlich.
Schließlich schlägt Fiona vor: "How about telling the police? If you really feel **bothered**, or even **threatened**, they must have ways of finding out whose number it is."
"I've already thought about that, too. **To be precise**, I was thinking about it nearly an hour ago, when I should have been learning French", gestehe ich. "But **on the other hand** ... If the poet's a nice boy who just wants to **attract** my **attention** in an unusual way, he'll get into a lot of trouble if I go to the police. I don't want that, either."
Fiona wiegt nachdenklich den Kopf. "You're right again. We have to **consider** every **possibility**, not just the **worst case scenario**."

to bother belästigen
to threaten bedrohen
to be precise genauer gesagt
on the other hand andererseits
to attract sb's attention jdn auf sich aufmerksam machen
to consider nachdenken über
possibility Möglichkeit
worst case scenario schlimmste Version

"Exactly", stimme ich zu.
"Well", fährt sie fort, "how about **checking out** the boys, the normal ones I mean, who could be secretly in love with you? Maybe we'll find someone who has a good reason to hide his identity. We can try to find out the mobile numbers of your possible **admirers**."
Damit bin ich einverstanden. "I agree. Actually, I feel a bit better already. Anyway, it's better to be doing something instead of just staring at every new poem like a rabbit caught in the **headlights**, hoping **on the one hand** that I won't hear from him again, and, on the other, that I will ..."

to check out überprüfen
admirer Verehrer(in)
headlight Scheinwerfer
on the one hand einerseits
beloved geliebt
to force zwingen
idiotic blöd

Fiona nickt. "Yes, I agree."
Dracula sieht mich mit seinen weisen Phosphoraugen an und ich weiß genau, was er mir sagen will: "You're right. If the tomcat sings secretly in the bushes like a coward instead of introducing himself to the **beloved** she-cat, then the she-cat **is forced** to go out and look for the tom."
"But finding the tomcat might be a big problem", gebe ich zu bedenken.
"Sorry?", meint Fiona.
Huch! Hab ich etwa laut gesprochen? Wie peinlich!
"Er ... nothing", flunkere ich.
Fiona runzelt die Stirn. "Please don't start going crazy because of this **idiotic** guy. It's very important that you just stay cool. Okay?"
"Okay", stimme ich betreten zu und wechsle schnell

das Thema. "So, who do you think might be my autumn prince, then?"
Einige Sekunden lang kaut sie nachdenklich auf ihrem Kuli herum, dann meint sie entschlossen: "Holger. Yes, we definitely have to put him on our list."
"Not **him, of all people**!" Genervt verdrehe ich die Augen.
"Of course", meint Fiona mitleidlos. "The poor guy has fancied you for more than half a year. How often has he tried to invite you to the cinema or to go for an ice cream?"
"Six times at least", stöhne ich. "No, seven. Last week he tried again. I thought of an excuse, **fortunately**."
"I can't understand why you don't like him." Fiona schüttelt den Kopf. "He's tall, very **sporty,** and **down-to-earth**. He's even handsome; he's got nice dark-blond hair."
"Boring dark-blond hair, you mean", knurre ich. "Yes, he's sporty; he's a very good football player. But you know that I don't like footballers with their thick **calves**. He's not the **type** I could fall in love with."
"Unfortunately", findet Fiona. "And because you**'ve turned** him **down** again and again, he's now trying to **chat** you **up** in a new and unusual way. We have to put him **at the top of** the list."
Erbarmungslos kritzelt sie seinen Namen auf den Notizblock.

him of all people ausgerechnet er
fortunately zum Glück
sporty sportlich
down-to-earth bodenständig
calf (*pl.* calves) *hier:* Wade
type Typ
to turn sb down jdm einen Korb geben
to chat sb up jdn anmachen
at the top of ganz oben auf

Dann herrscht wieder nachdenkliche Stille.
Gedankenverloren kraule ich Draculas Fell.
"Luca from 9C is also a **candidate**, definitely", sage ich.

candidate Kandidat(in)
for ages seit Ewigkeiten
charming charmant
to summon up one's courage seinen ganzen Mut zusammennehmen
to dare wagen
to tease veralbern
editor Redakteur(in)

"Are you sure?", protestiert meine taktlose Freundin. "You've been in love with him **for ages**. Okay, I can understand it. He's definitely tall, dark and handsome. And he's **charming**, too. But he never even looks at you. Didn't he tell you a few weeks ago that he wasn't interested in you?"
Ich nicke deprimiert. "Yes, I know. I was invited to a party and they said I could bring a boy. So I **summoned up** all my **courage** and asked Luca to go with me."
Tja, und dann hat er mir freundlich, aber bestimmt die Meinung gesagt. Er wisse schon länger, dass ich mich für ihn interessiere, aber leider, leider beruhe das nicht auf Gegenseitigkeit, und so weiter und so weiter. Doch das mag ich Fiona nicht noch mal erzählen. Danach hab ich nämlich stundenlang geheult und war bis weit in die Ferien hinein kreuzunglücklich. Manchmal träume ich immer noch von ihm.
"Oh, but listen", ruft Fiona plötzlich aus. "Suppose your handsome Luca has suddenly changed his mind. Now he's in love with you, but of course he doesn't **dare** to tell you. Maybe he thinks you'd think he **was teasing** you. So he sends you love poems instead. We both know that he's a good writer, because he's one of the **editors** of our school magazine."

"That's true", bestätige ich. Lucas Artikel verschlinge ich natürlich immer zuerst, wenn die neue Schülerzeitung erscheint. Aber das hab ich noch niemandem erzählt, nicht mal meiner besten Freundin. Wo die Sache zwischen ihm und mir doch absolut hoffnungslos aussieht.

Or, to be precise, it *was* **absolutely hopeless**, until a minute ago, denke ich triumphierend. Langsam aber sicher macht sich ein warmes Glücksgefühl in mir breit.

"Shall I write his name down?" Rücksichtslos unterbricht Fiona meine Tagträume.

"Yes, of course. Write it down", bestätige ich mit seligem Lächeln.

Noch während ihr Kuli übers Papier gleitet, kommt ihr eine neue Idee: "How about Christoph?", fragt sie.

"Why him, of all people?" Ich stelle mir den unauffälligen, dünnen, blonden Jungen vor, der seit drei Wochen zwei Reihen vor mir in der Bank sitzt. "I'm sure he's not interested in me at all."

absolutely absolut
hopeless hoffnungslos
to declare one's love for sb jdm eine Liebeserklärung machen
You may be right. Du hast vielleicht recht.
besides außerdem

"Really?", zweifelt Fiona. "Think: he's been in our class for three weeks now and he's the youngest of all of us, because he's skipped a year. Wasn't it his birthday in August? I think he's only just thirteen. Do you seriously think he could turn up at your front door with a bunch of flowers and **declare** his love for you? He'd never dare to do that!"

Auch mir dämmert es langsam. "Yes, **you may be right. Besides**, he's very clever and he's very good at

German, too. I'm sure he's **capable of** writing these wonderful poems."
Christoph war mir bislang noch nicht in den Sinn gekommen. Eigentlich habe ich ihn kaum wahrgenommen, außer wenn er wieder mal etwas Geniales im Unterricht von sich gegeben hat. Aber wenn ich ernsthaft darüber nachdenke ...
"Okay, he's very young", überlege ich laut. "But he does seem nice. And if he can write such beautiful poems, I think I could like him. Really like him, I mean."
"Shall I put him on the list, then?", will Fiona wissen.
"**Go on, then**", stimme ich ihr zu.
Während sie eifrig notiert, klappt Dracula eins seiner Phosphoraugen auf und sieht mich erstaunt an. "Did I understand you correctly?", scheint er zu fragen. "**Humans** give each other flowers? You are funny. We tomcats give our beloved she-cats mice. Fresh, fat, dead mice. Or even rats, if we are lucky enough to catch one. A big fat rat is the best present you can give to a she-cat. With a good rat a man will win the heart of any woman, I promise you."

capable of sth zu etw fähig
Go on (then). Mach schon.
human Mensch

Fionas Worte reißen mich aus meiner stummen Zwiesprache mit meinem Kater. "Does it have to be a boy from our school?", überlegt sie laut. Natürlich nicht! Es könnte theoretisch jeder Junge sein, der mich kennt. "How about a member of our swimming club?", schlage ich vor.
Sie nickt. "Yes, I thought about that too. Hmm ..."
Ich kann ihr beinahe ansehen, dass sie im Geiste sämtliche Jungen aus unserem Club durchgeht.

"**Phew!**", meint sie schließlich. "There are a lot of them."
"How about Arndt?", schlage ich vor.
"Him? Why?", fragt sie.
"Well, he's really **good-looking**", erkläre ich und denke an den muskulösen Sechzehnjährigen mit den kurzen schwarzen Haaren und den stahlblauen Augen. "And he's the regional **freestyle champion**."
"Yes, and if he hadn't had a girlfriend for almost a year, and if he didn't **try it on** with every girl who **crosses** his **path**, even I could fall in love with him", brummt Fiona. Doch dann scheint ihr plötzlich ein Licht aufzugehen. "Oh … oh, yes! Suppose he fancies you. I mean, not just fancies. Maybe he's fallen **completely**, **passionately** in love with you. If he tried to chat you up now, he knows you'd think you were just his latest **prey**. But if he's serious about you, maybe he doesn't know how to tell you. So he's decided to be very careful and send you these love poems first. All right, I'll put his name on the list."

Phew! Puh!
good-looking gutaussehend
freestyle champion Freistilmeister(in)
to try it on with sb es bei jdm probieren
to cross sb's path jdm über den Weg laufen
completely vollständig
passionately leidenschaftlich
prey Beute
human menschlich
behaviour Verhalten
several mehrere

Dracula dreht sich auf den Rücken und lässt sich genüsslich von mir den Bauch kraulen. Sein Schnurren klingt wie: "You **human** women are so arrogant. What's so bad about this Arndt's **behaviour**? Tomcats always fancy **several** she-cats at the same time. If you ask me, this is just normal male behaviour."

CHRISTIAN
Wo die Liebe hinfällt

I'm running, running, running. Grey houses ***rise up*** *into the night sky on both sides of the empty street,* ***illuminated*** *only by a* ***faint*** *full moon. The street seems* ***endless****; I'm* ***tortured*** *by a feeling that it is getting even longer ... Is the dark shape still following close behind me? I daren't look back.* ***I'm gasping for breath****; the sound rings through the* ***icy*** *silence.*
What was that? I force myself to stop and listen. My heart ***is pounding****. Suddenly,* ***right*** *behind me ...*

"Miaow!"
Erschrocken fahre ich aus dem Schlaf und starre in die Dunkelheit.
"Miaow!" Das kommt eindeutig von draußen.
Mit einem tiefen Seufzer hieve ich mich aus dem Bett und wanke zum Fenster.
"Hey, Dracula, what are you doing there in the middle of the night?" Der Kater sitzt draußen und schaut mich mit großen Augen an. Schnell öffne ich das Fenster und er springt ins Zimmer.
"Where have you been?", rufe ich und füge leiser hinzu: "You**'re a filthy mess**! Have you **been rolling** in a **compost heap**, or what? You've got a big **scratch** above your right eye, and ... oh, your left ear is bleeding!"

to rise (rose, risen) up emporragen
to illuminate beleuchten
faint schwach
endless endlos
to torture quälen
to gasp for breath nach Atem ringen
icy eisig
to pound hämmern
right direkt
filthy dreckig
to be a mess völlig verwahrlost aussehen
to roll sich wälzen
compost heap Komposthaufen
scratch Kratzer

Vorsichtig nehme ich ihn auf den Arm, drücke ihn zärtlich an mich und trage ihn zu meinem Bett. "Did you have a fight, you poor thing? I hope you didn't lose this time!"
Ich setze mich hin und streichle ihn tröstend.
"Miaow." Es klingt völlig erschöpft. Ich ahne, was er mir jetzt erzählt: "Jackie, it was the huge **ginger tom** again. He**'s been after me** for weeks because of that pretty little **tabby cat** who came here last month. Since we **got together** the ginger tom has been turning up in our garden again and again. But tonight I **let him have it!** I **beat the living daylights out of** him! I **admit** that I only won **by a narrow margin**. But the little tabby saw it, and now she likes me even more. That's the main thing!"
Vorsichtig entferne ich Schmutz und Gras und trockene Blätter aus seinem Fell.
"Your heart's beating like mad", sage ich dabei. "Hey, come on, old friend, it's over now."
Er kuschelt sich an mich, ganz fest. Bald beginnt er zu schnurren und schließlich leckt er sich hingebungsvoll die Schrammen unter seinem Fell.

ginger tom roter Kater
to be after sb hinter jdm her sein
tabby cat getigerte Katze
to get together zusammen kommen
Let him have it! Gib's ihm!
to beat the living daylights out of sb Hackfleisch aus jdm machen
to admit zugeben
by a narrow margin mit knapper Not

Am andern Morgen um zehn vor acht tapse ich verschlafen auf meinem üblichen Weg durch den Park in Richtung Schule. Die Strecke führt neben einem Flüsschen unter Bäumen entlang und an Beeten voll blühender Herbstblumen vorbei. Aber ich habe grade keine

Augen für das Duftgemüse, denn ich bin hundemüde. Als ich heute Morgen wach wurde, hatte ich irgendwie das Gefühl, als wäre ich gerade erst eingeschlafen. Seitdem wanke ich wie im Koma durch die Gegend und in meinem armen Hirn bohrt und sticht der Kopfschmerz.
Aber dann werde ich mit einem Schlag hellwach, denn an der großen Kastanie steht Fiona und unterhält sich angeregt mit Christoph.
Ja, genau mit *dem* Christoph, der auf unserer Liste steht.
Aber wie sie aussieht! Ihre blonden Haare fließen weich und offen auf ihre Schultern, ihre großen, blauen Augen strahlen wie zwei frisch polierte Karfunkelsteine ... Was ist da los?
Jetzt sieht sie mich und ruft mir zu: "Hi, Jackie!" Dann spricht sie noch ein paar Worte mit Christoph, wirft ihm das strahlendste aller Lächeln zu und kommt zu mir herüber.
"What the hell's happened to you?", frage ich sie fassungslos, als sie bei mir ist. "Why **are** you **flirting** with poor Christoph? Do you think he can **cope with** that at his age?"
"Oh, come on!", protestiert sie. "Have you forgotten? We have to find out who's sending you all these love poems. And Christoph's on our list, remember? This morning he **happened to** walk past, so I started with him. I'm sure that if I work on him a little I can easily get his mobile number."
"You are **cunning**." Ich grinse. "Did you find out anything?"

to flirt flirten
to cope with sth mit etw fertig werden
to happen to do sth etw zufällig machen
cunning raffiniert

Fiona erklärt in verschwörerischem Ton: "Christoph definitely doesn't have his own mobile. But his mother, his father and his elder brother all do. **Guess what**: he's studying **astrophysics**! He's got a **scholarship** for very talented students."

"Christoph?", entfährt es mir. "But he's only thirteen!"

"No, silly – his elder brother, of course. He's twenty, and it sounds **as if** he's **just as** intelligent as our **prime suspect**", antwortet meine Freundin.

"Oh, er ... well, okay", murmele ich leicht verwirrt und muss eine Weile nachdenken. "Do you think his elder brother might be sending me these messages, or what?"

"No, no, no, of course not", erklärt Fiona. "You do have some funny ideas! He doesn't even know you, does he?"

Stimmt. "But you just told me about him, so I ..."

"Oh yes, I see. That wasn't what I meant, though", klärt sie mich auf. "I just thought it was useful information about Christoph."

Noch einmal schaut sie zu ihm hinüber. Gerade redet er mit ein paar anderen Jungen aus meiner Klasse. Seinen Handbewegungen nach zu urteilen, erklärt er ihnen irgendwelche Hausaufgaben, vermutlich irgendwas Hochgestochenes in Chemie, Physik oder Mathe. Und in Fionas Blick schleicht sich ein ganz eigenartiger Ausdruck, eine Art Bewunderung, oder ...

Aha! I bet it wasn't just **friendship** that was making

Guess what. Stell dir vor.
astrophysics Astrophysik
scholarship Stipendium
as if als ob
just as genauso
prime suspect Hauptverdächtige(r)
friendship Freundschaft

you shake your long blonde hair and **flutter** your **eyelashes** five minutes ago, denke ich. Please take care, my dearest friend, because I think you're in danger of falling in love with this guy.

> **to flutter one's eyelashes** mit den Wimpern klimpern
> **in time** rechtzeitig
> **after all** schließlich
> **whenever** wann auch immer
> **to quote** zitieren

Da hören wir von Weitem die Schulglocke. Erschrocken fährt Fiona aus ihren Träumen und reißt ihren Blick von Christoph los. Wir rennen in die Schule und die Treppe hoch in unser Klassenzimmer, packen unsere Sachen aus und setzen uns hin.

Phew!, denke ich. Just **in time**!

Da kommt schon unser Deutschlehrer Herr Unterholzner durch die Tür. Das heißt: Genau genommen ist er noch gar kein richtiger Lehrer, sondern Referendar, und wir Schüler nennen ihn auch nicht *Herr Unterholzner*, wenn wir unter uns sind. Für uns ist er einfach nur *Goethe*, weil er den alten Klassiker heiß und innig liebt und ständig versucht, uns irgendeine Lektüre von ihm aufs Auge zu drücken. Zu allem Überfluss heißt er auch noch Heinrich mit Vornamen, wie Goethes Faust. Im Moment lesen wir aber trotzdem Bertolt Brecht. Während wir pflichtgemäß in *Mutter Courage* herumblättern, flüstere ich Fiona zu: "You don't really think Christoph is our poet, do you? **After all**, he doesn't have a mobile of his own."

"No, no, it's still possible! Christoph told me that he doesn't need one, because he can use his parents' or his brother's **whenever** he needs to", erklärt sie leise. "Besides, he said he loves poems ... well, he meant that he likes to read them. Then he **quoted** poems by

Goethe and Schiller and Shakespeare – it was as if their **collected works** were lying on a table in front of him. Jackie, I tell you, this boy's a **genius**." Die letzten Worte hat sie nicht gesprochen, sie hat sie regelrecht geseufzt.

Und ich mache mir langsam Sorgen.

Oh, Fiona!, denke ich. I'm afraid it's even worse than I thought. You are not in danger of falling in love; it's already happened! But I'm not sure you even know it yourself yet.

"Okay, so we're checking out Christoph first", wispere ich zurück. "But won't it be difficult to find out all three of his family's mobile numbers?"

collected works gesammelte Werke
genius Genie

"Er … you could look them up in the phone book", schlägt sie vor. "Maybe we'll be lucky. Shall we meet again this afternoon? We could talk about our plans. I can only come after four o'clock, though, because I have to go to the dentist. But I guess we'll have enough time to talk then."

Ich will gerade fragen, ob sie sonst noch was aus Christoph rausgekriegt hat, da unterbricht die donnernde Stimme Goethes unsere überaus wichtige Unterhaltung. "Hallo Jacqueline, hier spielt die Musik! Ich hab dich gerade gebeten, die Rolle der Mutter Courage zu lesen!"

Erschrocken fahre ich zusammen. "Oh, äh … ja, ist schon okay. Hmm … welche Seite denn?"

Irgendwo hinter mir höre ich ein leises Kichern und ich spüre zu meinem Ärger, dass ich jetzt auch noch rot werde.

"Seite 55 bis 60. Das hab ich eben schon mal gesagt. Zuhören hilft eindeutig", seufzt unser Referendar mit betont gequälter Stimme.
"Alles klar", erkläre ich kleinlaut, schlage eilig Seite 55 auf und beginne zu lesen. Es ist die Szene, in der Mutter Courage das *Lied von der großen Kapitulation* singt. Sehr passend.
Als ich damit fertig bin und Goethe ein paar Blätter mit Fragen zum Text in der Klasse verteilt, fällt mein Blick auf Fiona. Die beste Freundin von allen verschlingt soeben Christoph mit ihren Blicken.
No doubt about it, she's hopelessly in love, denke ich und muss verstohlen grinsen. Doch dann fällt mir siedend heiß ein: If Christoph really is the poet, then he must be in love with *me*. That would mean that Fiona doesn't **stand a chance** with him. Oh no! It'll ruin our friendship! Fiona will hate me. Oh God, please help me! Don't let Christoph be my poet. Or if it is him, please make sure that his love for me quickly **fades**, that he forgets me completely and only has eyes for Fiona. Oh, please, please, please!

No doubt about it. Es besteht kein Zweifel daran.
to stand a chance eine Chance haben
to fade verblassen
to get homesick Heimweh bekommen

Es ist halb fünf, als Fiona durch unser Gartentor spaziert. Ich habe draußen gedeckt und sie hat erkennbar gute Laune.
"Mmmm, Earl Grey tea, lovely! Wait a moment, I've got something for us. My mother **got** really **homesick** yesterday, and she made some scones. Four of them are for us."

"Mmm, excellent!" Ich laufe schnell in die Küche zurück und hole ein Glas Erdbeermarmelade.
Fiona nimmt sich einen Scone, schneidet ihn durch und löffelt so viel Marmelade darauf, wie nur draufpasst. Dann kommt sie gleich zur Sache.
"I looked up the numbers Christoph gave me in the phone book. There was one mobile number in his family's name, but it wasn't our famous 0166/414514."
Genüßlich beißt sie in ihren Scone und fängt die auf allen Seiten herunterlaufende Marmelade professionell mit der Zunge auf. Dann holt sie Stift und Notizblock aus ihrer Tasche. Nachdenklich liest sie noch einmal durch, was sie aufgeschrieben hat, seufzt und meint: "Of course that doesn't mean anything, because Christoph's family has three of them."

search Suche
complicated kompliziert
daylight Tageslicht
for once ausnahmsweise mal

Ich nicke frustriert. "I never thought our **search** for my poet would be so **complicated**. And so far we've only checked out one single boy."
Fiona starrt vor sich hin, die Stirn in Falten gelegt. Ich beiße endlich in meinen Scone und lehne mich kauend im Gartensessel zurück. Dabei sehe ich einen dicken schwarzen Katzenschwanz, der aus dem hohen Gras der Nachbarwiese hervorlugt.
"Hey, Dracula, are you out in **daylight for once**?", rufe ich ihm zu.
Dracula hebt den Kopf und schaut mich über die Gräser und wilden Herbstblumen hinweg an. Dann kommt er mit hohen, eleganten Sprüngen zu mir gelaufen, hüpft mit einem geschickten Satz auf meinen Schoß

und holt sich seine Streicheleinheiten ab. Katzen haben's leicht.
Anders als ich lässt sich die zielstrebige Fiona von Draculas Geschmuse nicht ablenken. "All right, but what about all the other boys on our list?", fragt sie.
Mit einem Ruck zwinge ich mich in die Gegenwart zurück.
"I can flirt with *one* boy to try and check him out, but I can't do it with three or four at the same time, **particularly** not as most of them go to our school", fügt sie noch hinzu. "That could get **embarrassing**."
"And it wouldn't be your style", stimme ich zu und füge in Gedanken hinzu: Besides, I don't think Christoph would like that at all.
"But you can't ask me to check out Holger", sage ich laut. "If I ever paid him any attention I'd never ever get rid of him."
"You're right. That would be a real drama", meint Fiona düster.
"Absolutely." Ich schüttele mich so heftig, dass der arme Dracula aus seinen glücklichen Katerträumen erwacht und verwundert den Kopf hebt. Das erinnert mich daran, wie zerfetzt und zerzaust das arme Tier letzte Nacht nach Hause gekommen ist.
No, Holger, even if I don't like you, I don't want to hurt you, denke ich.
Fiona sagt schicksalsergeben: "So I**'m saddled with** Holger **whether** I like it or not. Hmm ..." Sie überlegt kurz, aber intensiv. "Maybe I could join his football

particularly besonders
embarrassing peinlich
to be saddled with sb jd am Hals haben
whether ob

club, or ..." Nachdenklich spielt sie mit einer ihrer blonden Locken. "Yeah, I've got an idea!", ruft sie plötzlich aus.
Sie klingt so wild entschlossen, dass ich ihr neugierig in die Rippen stoße. "What? Tell me!"
Doch sie wirft mir nur einen verschwörerischen Blick zu. "**Wait and see.** My idea's **rather vague** at the moment. Let me think about it for **a while**. As soon as I'm sure it'll work I'll tell you everything, okay?"
Wieder macht sie sich Notizen, wobei ich ihr neugierig zusehe. Aber leider schreibt sie nur ein paar mickrige Buchstaben mit der kryptischen Bedeutung: *PLAN B!*
Jackie, be **patient**!, ermahne ich mich selbst. Aber es wirkt nur mäßig. Meine Neugier ist kaum zu toppen.
"And how about your Luca?", fragt Fiona, wahrscheinlich um mich abzulenken.
"He's not *my* Luca, unfortunately", seufze ich. "And I hope you don't expect me to try and flirt with him. He **snubbed** me just a few weeks ago, remember?"
"Of course I do", gibt sie zu. "But you don't expect me to deal with him too, do you? And ... ahem ... I guess my plan B will only work once."

Wait and see. Wart's ab.
rather ziemlich
vague vage
(for) a while eine Weile
patient geduldig
to snub vor den Kopf stoßen

Why on earth won't you tell me what it is?, denke ich genervt.
Dann beuge ich mich zu meinem Kater hinunter und inspiziere seine Verletzungen von gestern Nacht.
"Maire!", ruft Fiona so plötzlich und laut, dass ich schon wieder erschrocken hochfahre. "Of course! We can use her."

"Maire?" Ich falle aus allen Wolken. "I know she's your cousin from **Ireland** and you've told me hundreds of times how **gorgeous** she is, with the figure of a supermodel, and that she's also a really nice person. But how could she help us with Luca? She lives hundreds of miles away!"

Ireland Irland
gorgeous umwerfend
spy Spion(in)
swimmer Schwimmer(in)
text (message) SMS

Fiona grinst hinterhältig. "She's coming here next Saturday to get some work experience at my father's company."
"That's cool!", entfährt es mir. "Yes, of course! She'll be the perfect **spy**."
"Okay", meint Fiona. "I'll send her an e-mail tonight. I'll tell her the whole story and ask her whether she'll help. Do you agree?"
Ich überlege einen Moment. "Okay, you can do it", erkläre ich schließlich. "Now we just have to deal with Arndt the **swimmer**."
Fiona lächelt und sieht mich betont aufmunternd an. "Well, that's your job. You have to check out at least *one* boy."
Jetzt bin ich es, die einen abgrundtiefen Seufzer ausstößt. "So what do you think? Shall I flirt with him?"
Fiona grinst. "Of course. You know what he's like with women. I bet you'll get his mobile number in no time. And I guess you'll even manage to get him to write a love poem for you, in case he's sending **texts** from someone else's mobile."
"Okay then, I'll do my best", verspreche ich.

Die Sonne geht unter, als wir schließlich das Geschirr auf dem Gartentisch zusammenstellen und in die Küche bringen. Wir haben noch ein bisschen über die Stadtmeisterschaften im Schwimmen philosophiert, an denen wir beide morgen teilnehmen werden. Eigentlich hatten wir uns sogar vorgenommen, heute Abend noch einmal dafür zu trainieren, aber nun ist es doch zu spät geworden.

Jetzt werde ich allerdings langsam nervös, denn morgen wird es spannend für mich. Im Kraulschwimmen war ich letztes Jahr nämlich Zweite und über die vergangenen Monate habe ich mich noch mal beachtlich gesteigert. Allerdings habe ich keine Ahnung, wie gut Sibylle inzwischen ist. Die hat mich im letzten Jahr immerhin um eine halbe Länge geschlagen.

Jackie, you should have trained for this race, really!, schimpfe ich mit mir selbst, als ich mich von Fiona verabschiedet habe und, Dracula im Schlepptau, die Treppe hinauf in mein Zimmer gehe. Weil es langsam kühl wird, hole ich mir ein Sweatshirt aus dem Schrank. Als ich es gerade überstreifen will, spielt mein Handy: *God Save The Queen*. Erschrocken fahre ich zusammen.

“Jackie, stay cool!”, sage ich laut und bestimmt zu mir selbst. “It's **not necessarily** the poet.”

Zögernd greife ich nach dem Telefon, rufe die Nachricht ab und lese:

not necessarily
nicht unbedingt

Geliebte Königin des Sommers!
Du bist wie das Licht in der Dunkelheit.
Für dich wär ich zu allem bereit,
würde für dich den Drachen töten,

dich retten aus schrecklichen Feuersnöten,
dich tragen auf meinen Händen gar.
Ach, dich zu halten wär wunderbar!
Doch leider, du Schöne, bist du ein Stern,
der leuchtet mir nur aus weiter Fern'.
So bete ich dich von Weitem an
und flehe, dass ich dir bald nah sein kann.
Dein dich ewig liebender Prinz des Herbstes.

"Oh no, not him again!" Ich lasse mich neben dem dösenden Dracula aufs Sofa fallen und lese noch einmal mit wild klopfendem Herzen die leidenschaftlichen Zeilen.

"God, you're really **freaking** me **out**, you know you are", sage ich laut und so ärgerlich, dass mein Kater seinen schwarzen Kopf hebt und mich fragend anschaut. "You write that you **adore** me", fahre ich wütend fort. "Okay, but now you're just exaggerating. The only thing you're going to **convince** me of is that you're absolutely mad."

> **to freak sb out** jdn aus der Fassung bringen
> **to adore** abgöttisch lieben
> **to convince** überzeugen
> **by the way** übrigens

Bei meinen letzten Worten macht mein Herz einen erschrockenen Hüpfer.

"Really", schimpfe ich trotzdem weiter. "What do you mean, you're ready to do anything for me? And **by the way**: dragons don't exist, and if there's a fire I can

deal with it myself, thank you." Wütend lösche ich die Nachricht, stecke mein Handy wieder in die Tasche und füge mit zusammengebissenen Zähnen hinzu: "I have to find out as soon as possible who's sending these poems. If it's **none** of the boys on our list ... well, I'll just have to go to the police."

none keiner

Ich schnappe mir meine Sporttasche und gehe ins Bad, um meine Schwimmsachen für morgen zu packen. "Jackie, remember", murmele ich dabei. "Tomorrow you're going to flirt with Arndt. He's sure to be taking part in the competition; he'll probably even win. So what should you ...?"
Ich überlege kurz, aber fieberhaft, dann kommt mir die rettende Idee. "My swimming costume!", jubele ich. "Of course! That's definitely the best way!"
Natürlich meine ich nicht irgendeinen Badeanzug und erst recht nicht den zwar praktischen, aber reichlich hochgeschlossenen Wettkampfanzug, den ich zu solchen Anlässen normalerweise trage. Nein, die Rede ist von einem knallroten Bikini mit hohem Beinausschnitt und fadendünnen Spagettiträgern, den mir meine Patentante zum Geburtstag geschenkt hat. Ich hab ihn bisher jedes Mal eingesteckt, wenn wir ins Freibad gegangen sind, in der verzweifelten Hoffnung, dass Luca dort sein möge. Doch getragen hab ich ihn leider noch nie, weil Luca nämlich nie im Schwimmbad war. But tomorrow this super-sexy bikini will have its big day, beschließe ich grimmig.

ARNDT
Der Bikini des Schreckens

In der Gruppen-Umkleidekabine unseres Schwimmbads herrscht drangvolle Enge.

“All this noise is making me nervous, and the air in here is **awful**”, sage ich zu Fiona, die neben mir steht und gerade ihre Tasche auspackt.

“Come on, Jackie, you were already a **bag of nerves** on the bus”, meint sie und zieht sich in aller Ruhe die Schuhe aus. “I’m not surprised – you’ve got a good chance of winning a gold **medal**. Look at me: I’ll probably **end up** somewhere in the middle, **unnoticed as usual**. But you won’t swim any faster if you **get stressed out**. By the way: what are you **rummaging** for in your bag?”

“I’m looking for my swimming costume”, murmele ich. “God! I hope I didn’t forget it! That would be a **disaster**, wouldn’t it?”

“Yes – just imagine!” Fiona kichert.

“Here it is!”, rufe ich aus, so laut, dass ein paar von den anderen Mädchen sich nach mir umschauen. Natürlich kriege ich prompt einen roten Kopf.

“That arrogant girl Sibylle isn’t here yet, **luckily**. Remember the **condescending** look she gave you last year when she beat you?”, flüstert mir Fiona zu. “She’d be sure to make some nasty

awful furchtbar
bag of nerves Nervenbündel
medal Medaille
to end up enden
unnoticed unbemerkt
as usual wie üblich
to get stressed out herumstressen
to rummage wühlen
disaster Katastrophe
luckily zum Glück
condescending herablassend

comment now, like she did last year when you **slipped** on your way to the **winners' podium**."
"That only happened because my knees were like jelly", erinnere ich mich.
Sie stößt mir mit dem Ellbogen in die Rippen. "I bet your knees are like jelly now, too."
Ich seufze. "I do **envy** you a bit – you're managing to stay so cool about this competition." Dann ziehe ich mir die Klamotten aus und streife den Bikini über.
"What's that?", entfährt es ihr. Dabei macht sie ein Gesicht, als würde sie am liebsten durch die Zähne pfeifen. Aber das tut sie dann doch nicht, wahrscheinlich nur, weil wir von einem Pulk fremder Mädchen umringt sind.
"Er … well", stottere ich und spüre, dass ich schon wieder rot werde. "I've got to try and attract Arndt's attention, remember? So I thought …"
"Good girl", findet Fiona, wobei sie mich und den aufregenden Bikini noch einmal kritisch mustert.
Okay, *I* wouldn't call myself a *good girl* **right now**, denke ich. Besides, I hadn't realized until now that this bikini was so **uncomfortable**. Eher hilflos fummle ich an den verdrehten Spagettiträgern herum. Dabei schießt mir plötzlich ein fürchterliches Bild durch den Kopf: Ich stehe auf dem Startblock, gehe in die Knie, hole Schwung, hechte mit einem vorbildlichen Startsprung los … und ein Träger reißt! Oder die Hose rutscht!
Oh my God! What if that really happens? Jetzt hab ich

comment Kommentar
to slip ausrutschen
winner's podium Siegertreppchen
to envy beneiden
right now im Augenblick
uncomfortable unbequem

wirklich weiche Knie! Ich lasse mich auf die Sitzbank sinken, schließe die Augen und sterbe tausend Tode. "Hey, Jackie, why've you gone so **pale**?", fragt mich Fiona besorgt. "Your face was **bright red** a minute ago ... You look fantastic, really. Arndt is sure to **fall for** you! But it's good that you're not going to **swim butterfly**, because this ... er ... thing would slip and then you'd be **topless**." Mit Mühe verkneift sie sich ein Kichern. "The boys would be happy, though."

"Of course they would", brumme ich und bin plötzlich richtig wütend auf mich selbst: Jackie, you're a complete idiot! Why didn't you bring your ordinary costume **as well**? You could easily **have changed** after the race. You'd still have had enough time to **impress** Arndt. Well, you can't do anything about it now. So **calm down**, Jackie; **somehow** it'll **work out** ... er ... hopefully. It has to."

Mit einem leisen Seufzer greife ich in meine langen Haare, um mir einen Zopf zu flechten, den ich später unter die Badekappe stecken kann.

Aber Fiona nimmt meine rechte Hand und meint: "You'd better wait. Because of Arndt. I'll help you with your hair just before the competition starts, so that you can **put** it **up** quickly."

Immer noch mit weichen Knien stehe ich auf, folge Fiona durch den Umkleideraum und fühle mich einfach grässlich.

pale blass
bright red knallrot
to fall for sb sich in jdn verknallen
to swim butterfly delfinschwimmen
topless oben ohne
as well auch
to change sich umziehen
to impress beeindrucken
to calm down sich beruhigen
somehow irgendwie
to work out klappen
to put up hochstecken

Wahrscheinlich hätte mir klar sein müssen, dass mich manche kritisch mustern würden. Aber dass alle, wirklich *alle,* mich angaffen, als wäre ich eine den wilden Wellen entsprungene Meerjungfrau, das hätte ich in meinen schlimmsten Albträumen nicht erwartet. Ihre halb verdutzten, halb feindseligen Blicke stechen wie spitze Nadeln in meine Haut. Es ist der reinste Spießrutenlauf. Endlich fällt die Tür hinter uns zu und wir verkrümeln uns unter die Dusche.

Aber das Schlimmste kommt erst noch: die Schwimmhalle. Fiona, hinter der ich mich auch jetzt wieder zu verstecken suche, öffnet die Glastür und ...

Oh my God! There are so many people!, denke ich erschrocken. And I bet that at least two **thirds** of them are male.

Es ist entsetzlich peinlich. Gespräche werden unterbrochen, alle drehen sich nach mir um, stoßen sich gegenseitig mit den Ellbogen an, flüstern, tuscheln ... und kriegen regelrecht Stielaugen.

Jackie, why don't you just turn and run?, fährt es mir durch den Kopf. Or you could ask the ground to **swallow** you **up**! You should have thought about this yesterday!

third Drittel
to swallow up verschlingen

"I'd never have believed that a bikini could have such an effect", murmelt Fiona, als sie sich in der hintersten Ecke der Halle neben mir auf einem Plastikstuhl niederlässt.

Dann greift sie nach einem Badehandtuch, das zufällig auf dem Stuhl neben uns liegt, und hängt es mir fürsorglich um die Schultern.

"**I'm afraid** I haven't seen Arndt yet", meint sie dann. "But we both know he'll be here. Wait and see."
Ich schaue mich in der Halle um, und was ich sehe, trägt nicht gerade zu meiner Beruhigung bei: Allein schon am Schwimmbecken stehen Hunderte von Menschen! Und die Ränge quellen von Zuschauern geradezu über.

I'm afraid
Ich fürchte
whatever was
auch immer
to survive
überleben

"I'm glad my parents aren't here", sage ich kleinlaut zu Fiona. "My father had to go to work today, and my mother is visiting a friend who's in bed with a bad cold." Und im Stillen denke ich: Thank God they're not going to see the disaster that is ... maybe ... probably ... going to happen here in the next few minutes. Vor meinem inneren Auge lege ich einen eleganten, kraftvollen Startsprung hin, die Spagettiträger reißen, und während ich mit entblößtem Oberkörper abtauche, schwimmt die leuchtend rote Hose meines Bikinis an der Wasseroberfläche ...
Oh God, someone help me! Ich bin der Verzweiflung nahe. Zum Glück kann ich mir nicht mehr weiter das Hirn zermartern, denn nun fordert uns jemand über Lautsprecher auf, uns für den Wettkampf warm zu schwimmen. Das fremde Handtuch immer noch über den Schultern, gehe ich mit steifen Schritten zum Beckenrand, lasse die Tarnung rasch zu Boden rutschen und gleite so schnell und unauffällig wie möglich ins Wasser.

"Auf die Plätzeee", schallt es zehn Minuten später aus dem Lautsprecher.
Okay, Jackie, **whatever** happens now, you will **survive**!,

spreche ich mir selbst Mut zu. Trotzdem fühle ich mich wie das berühmte Schaf, das zur Schlachtbank geführt wird. Stay calm!, ermahne ich mich selbst. That's a **starting block** in front of you, not an **executioner's block**. And the guy standing next to it is not an **executioner** with an **axe**, it's only your trainer with his **stopwatch**.

Der mustert mich allerdings mit einem sehr eigenartigen Blick, einer schwer definierbaren Mischung aus Bewunderung und Ärger.

Ich mache fast mechanisch einen großen Schritt nach vorn und steige gleichzeitig mit meinen sieben Konkurrentinnen auf den Startblock.

Sibylle, die Siegerin vom letzten Jahr, steht auf dem Podest gleich links neben mir. Sie wirft mir einen gehässigen Blick zu, dann zieht sich ein höhnisches Grinsen über ihr Gesicht.

starting block Startblock
executioner's block Richtblock
executioner Scharfrichter
axe *hier:* Henkersbeil
stopwatch Stoppuhr
strap Träger
to break kaputt gehen
bottom half Unterteil

Oh God! She can see what's going to happen next.

"Fertiiiig ...", kommandiert die Stimme aus dem Lautsprecher.

Pflichtgemäß gehe ich in die Knie, alle Muskeln meines Körpers spannen sich an.

"Los!"

Ich springe ab mit aller Kraft, strecke mich, lande mit einem flachen Kopfsprung im Wasser, gleite hindurch, tauche auf ... es passiert ... nichts! Ich schwimme. Der Bikini hält. Oben und unten. Fantastic! The **straps** didn't **break** and the **bottom half** didn't slip. Oh, I'm so lucky, lucky, lucky!

Die Erleichterung verleiht mir einen enormen Kräfteschub und ich spurte los, was das Zeug hält. Jetzt kann mir nichts mehr passieren!
In der Bahn links neben mir sehe ich aus den Augenwinkeln Sibylle.
Damn! She's beating me by a head!, stelle ich fest. But it's not over yet. I'll **catch up with** you! Meine Arme pflügen durchs Wasser, ich konzentriere mich auf die Beinarbeit und gebe alles. Doch unbeirrt krault Sibylle vor mir her und ihr Abstand wird eher größer als geringer. Als wir uns dem Ende der Fünfzigmeterbahn nähern, hat sie eine halbe Körperlänge Vorsprung! Ich mache noch zwei kräftige Züge, spanne meinen Körper für die Rollwende an, überschlage mich wenige Zentimeter vor der Wand, stoße mich mit aller Kraft ab … und sehe aus den Augenwinkeln: Sibylle ist beim Abstoßen ausgerutscht und aus dem Takt gekommen!

to catch up (with)
einholen

Schnell fängt sie sich wieder, dann ist sie neben mir, aber jetzt bin *ich* an der Spitze, mit mehr als einer Armlänge Vorsprung. Den muss ich halten, koste es, was es wolle!
I won't let that cow catch up with me, schwöre ich mir und nun gebe ich wirklich das Allerletzte. Meine Arme schmerzen, mit pumpenden Lungen pflüge ich durchs Wasser, schon ahne ich weit vor mir den Beckenrand, das Ziel!
Ich höre, wie die Leute meinen Namen brüllen und mich anfeuern: "Ja-ckie!, Ja-ckie!, Ja-ckie!", im Rhythmus meiner Kraulbewegungen. Wo Sibylle ist, weiß ich nicht mehr, aber ich kann den Beckenrand jetzt deutlich vor mir sehen, beiße die Zähne zusammen, hole

alles aus mir heraus, noch ein Zug, noch einer ... Meine Hand schlägt am Beckenrand an, mit einer Wucht, dass mir die Finger weh tun, keuchend schnappe ich nach Luft, fahre herum – und sehe ... Sibylle, deren Hand am Beckenrand anschlägt, ein, vielleicht auch zwei Schwimmzüge nach mir.
I **made it**!, denke ich und kann es kaum fassen. Noch einmal hole ich ganz tief Luft, dann lasse ich mich erschöpft und überglücklich unter Wasser sinken.

to make it
es schaffen

Langsam steige ich wieder an die Oberfläche ... und schaue in das Gesicht meines Trainers.
Jupp strahlt übers ganze Gesicht. "Bravo, Mädche, jut jemacht!", ruft er mit seinem kölschen Akzent. "Du hast jewonnen, du hast se alle besiegt!"
Dann rennt er zur übernächsten Bahn, wo Fiona mit knallrotem Kopf am Beckenrand hängt und nach Luft ringt. Sogar durch den lauten Trubel um mich herum kann ich noch seine Stimme hören: " ... Dritte geworden ... tolle Leistung ... nie jedacht!"
Fiona schaut zu ihm auf, sieht ihn ein, zwei Sekunden lang ungläubig an. Dann blickt sie zu mir herüber und strahlt übers ganze Gesicht, so froh und glücklich, wie ich sie schon lange nicht mehr gesehen habe. Ich winke ihr zu und lache zurück, auch wenn ich unser beider Glück immer noch nicht so richtig fassen kann.
Schon taucht der aufgeregte Jupp wieder bei mir auf und hält mir seine Hand hin.
"Nun komm schon raus!", fordert er mich auf.
Ich zögere, denn meine Arme fühlen sich immer noch an wie Pudding und meine Knie zittern vor lauter Auf-

regung. Dann aber fasse ich zu, hole Schwung, stoße mich an der Standleiste ab und lasse mich von ihm hochziehen.
Rrritsch!
Es dauert einen Moment, bis mir klar wird, was da gerade passiert ist. Aber schon eine Sekunde später, als nämlich die rechte Seite meines Bikini-Oberteils gefährlich zu rutschen beginnt, schalte ich. Gerade noch rechtzeitig kann ich die Katastrophe aufhalten.
Stupid thing!, schimpfe ich innerlich. Aber dann fällt mir ein: I should be glad, because the strap waited until the competition was over before it **ripped**. Der arme Jupp bekommt einen roten Kopf. Mit einer schnellen Handbewegung greift er zu dem fremden Badehandtuch, das immer noch neben meinem Startblock liegt. Eilig hängt er es mir über die Schultern und führt mich zu einem der Plastik-Liegesessel an der Rückwand der Schwimmhalle.

to rip reißen

“Musstest du denn ausjerechnet heute so ein Teil anziehen?”, fragt er mich. “Du konntest dir doch denken, wat passiert.”
“Tja, das war wohl ein Anfall von geistiger Umnachtung”, erklingt Fionas Stimme hinter ihm. “Aber geben Sie’s ruhig zu: Ansonsten war sie heute perfekt!”
Er schaut auf und wirft ihr einen durch und durch stolzen Blick zu. “Dat kannste wohl laut sagen”, meint er. “Aber du warst auch klasse. Mann, wer hätt datt jedacht?” Und zu mir gewandt fährt er fort: “Haste wenigstens einen Ersatz-Badeanzug bei?”
Stumm schüttele ich den Kopf.

Der arme Jupp stößt einen abgrundtiefen Seufzer aus. "Na jut, ich werde mal kucken, ob ich hier irjendwo 'ne Sicherheitsnadel oder wat zum Nähen auftreiben kann. Bis zur Siejerehrung sind es ja noch zehn Minuten." Streng sieht er mich an. "Ejal wat passiert, du bewegst dich hier nich von der Stelle, bis ich wieder da bin, kapiert?"

Ich kann nur noch frustriert nicken. Und in Gedanken verspreche ich ihm: You can rely on me, I promise, I've got no **desire** at all to walk through this **packed** swimming pool with my arms crossed over my chest like an **Egyptian** mummy.

Kopfschüttelnd zieht Jupp ab, dabei schimpft er deutlich hörbar vor sich hin: "Wat so einem dreizehnjährijen Mädche so allet einfällt ..."

Fiona ist mit ihren Gedanken offensichtlich noch ganz beim Wettkampf. "Wow! You really showed Sibylle, didn't you!", sagt sie bewundernd.

Dann kommen immer mehr Leute aus meinem Verein zu mir, um mir zu gratulieren und mir reihenweise auf die handtuchbedeckte Schulter zu klopfen.

Und plötzlich, fast wie aus dem Nichts, steht Arndt vor mir.

"Bin eben erst gekommen", erklärt er. "Aber natürlich hab ich's schon gehört. Herzlichen Glückwunsch, neue Stadtmeisterin! Na, gleich bin ich dran." Und wie zum Beweis seiner Kraft und Fitness lässt er seine muskelbepackten Schultern kreisen.

You're a **conceited** old show-off, denke ich. I am not looking forward to having to flirt with you. Is it possi-

desire Lust
packed voll
Egyptian ägyptisch
conceited eingebildet

ble that there might be a **sensitive** poet hiding **beneath** your **snobbish exterior**? Well, I'll find out soon. Da drängelt sich Jupp durch die Reihen meiner Teamkollegen, ein erleichtertes Lächeln im Gesicht.
"Zum Jlück hatte die Bademeisterin ein paar Sischerheitsnadeln in ihrem Erste-Hilfe-Kasten", meint er und zieht das Handtuch von meinen Schultern. Arndt kriegt Stielaugen und irgendwo in der Menge hinter ihm ertönt ein Pfiff. Jupp zückt die Sicherheitsnadel ... und hält verlegen inne.
"Das mach ich schon", erklärt Fiona großzügig und nimmt ihm die Nadel aus der Hand. Nach wenigen Sekunden hängt mein Bikini-Oberteil fest und sicher am Träger. Schnell ziehe ich das Handtuch wieder über meine Schultern.
Keinen Moment zu früh, denn jetzt fordert uns der Lautsprecher auf, zur Siegerehrung zu gehen.
Der Pulk um uns herum löst sich auf und als Nächstes sehe ich Sibylle, die mit großen Schritten auf mich zukommt. "*Du* hast also mein Handtuch! Und ich suche es überall", zischt sie, greift nach ihrem kostbaren, nun aber leider ziemlich nassen Besitz, zieht ihn mir von den Schultern (die Sicherheitsnadel hält, zum Glück!) und räumt mit einem lauten "Unverschämtheit!" das Feld.
"Sibylle lost more than a gold medal today, **obviously**", behauptet Fiona grinsend. "What a silly **bitch**!"
Wir gehen hinter Silke her in Richtung Siegertreppchen und jetzt ist es mir völlig egal, wer mich alles anstarrt und warum. Froh und stolz schreite ich durch die

sensitive sensibel
beneath unter
snobbish versnobt
exterior Äußeres
obviously offensichtlich
bitch Miststück

Menge, die ebenso glückliche Fiona im Schlepptau. Gemeinsam steigen wir auf das Podest und nehmen die Glückwünsche der Veranstalter entgegen. Als ich dann meine glänzend goldene Medaille umgehängt bekomme und um uns herum das Blitzlichtgewitter der Fotografen losbricht, vergesse ich den unzuverlässigen Spagettiträger und den ganzen idiotischen Bikini, ja beinah sogar den Dichterfürsten.

Müde, aber froh kommen Fiona und ich aus dem Umkleideraum, als mein Handy die britische Nationalhymne spielt. Ich bleibe stocksteif stehen.
“No, it won't be him. Not this time”, beruhigt mich Fiona. “It's probably your mother wanting to know if you've won.”
Ich atme tief durch. Okay, denke ich. She's right. I'm sure she's right. Ich rufe die Nachricht ab.

```
Herzlichen Glückwunsch, schönste
Königin des Sommers!
Schnell wie ein Vogel, elegant wie
ein Delfin,
glittest du durchs Wasser dahin.
Warst schneller als all die ande-
ren vielen.
Es schien, als würdest du mit den
Wellen spielen.
Warst Siegerin, ja Meisterin gar,
ach, du bist einfach wunderbar!
Standest ganz oben auf dem Podest,
hieltest die Goldmedaille fest.
```

Warst wie eine Statue so schön, Jacqueline, die Stadtmeisterin von Köln!
Von ganzem Herzen gratuliert dir dein dich ewig liebender Prinz des Herbstes.

"No, oh no!", stöhne ich entsetzt. "He was here. He must have been! How else could he know ..."
Fiona, die mir über die Schulter geschaut und mitgelesen hat, nimmt mich tröstend in den Arm. Ich schließe die Augen und versuche krampfhaft, mich an ein bekanntes Gesicht in der Schwimmhalle oder auf den Zuschauerrängen zu erinnern. Irgendjemand, der mir aufgefallen wäre, der mich kennen könnte. Doch vor meinem inneren Auge ballt sich nur eine weit entfernte, dicht gedrängte, ununterscheidbare Menschenmenge. Keine Chance.

second Sekunde
sympathy Mitgefühl
supreme *hier:* rein
happiness Glück

Fiona scheint plötzlich woanders zu sein. Ich löse mich aus ihrer Umarmung und schaue sie verdutzt an.
What on earth has happened to her?, überlege ich. What has changed in the last few **seconds**? There's no **sympathy** in her face now, only ... only **supreme happiness**. Ich drehe mich um und sehe ... Christoph, der die Treppe zur Zuschauertribüne herunterkommt und mich ganz ohne Zweifel komplett übersieht. Die Einzige, die der Junge wahrnimmt, ist eindeutig Fiona.
Fiona lässt geistesabwesend ihren Arm von meiner Schulter gleiten und geht auf ihn zu.

"Hallo", haucht sie.
"Hallo", grüßt er mit etwas rauer Stimme zurück. "Du … du warst echt … echt super. Umwerfend! Herzlichen Glückwunsch!"
"Wie … wie kommst du denn hierher?"
"Och, äh, ich … ich hatte heute Nachmittag nichts Besseres vor", stottert er, "und da dachte … dachte ich …"
Why the hell do **lovesick** people always **suffer from speech impediments**?, frage ich mich. Besides: Christoph should **congratulate** *me* too, shouldn't he? *Who's* just become the town champion? Not Fiona. But **judging by** the way he's looking at my very best friend, I don't think he's even noticed that I'm here.
Auch Fiona scheint mich völlig vergessen zu haben. Jedenfalls reden die beiden und reden und reden und schauen sich dabei ganz tief in die Augen. Dann entschweben sie langsam Richtung Ausgang. Und ich trotte wie ein verlassenes Hündchen hinter ihnen her.
All right, Christoph is *not* my poet, that's for sure, überlege ich. He's fallen hopelessly in love with Fiona, I don't stand a chance with him, and that's the best thing that could have happened to all of us!
Aber dann muss ich wieder an Arndt denken und plötzlich fällt es mir wie Schuppen von den Augen.
Arndt! Yes, of course! He was at the pool, obviously; I saw him there. But **is** he **in the mood** to write love poems right now? **Unlikely** – he just **messed up** his

lovesick liebeskrank
to suffer from sth unter etw leiden
speech impediment Sprachfehler
to congratulate gratulieren
judging by nach … zu urteilen
to be in the mood to do sth Lust haben, etw zu tun
unlikely unwahrscheinlich
to mess up vermasseln

start and only won the **bronze**. Hmm ... On the other hand, you never know. Maybe a true poet is **inspired** by **misery**. And he wasn't as arrogant as usual when he congratulated me on winning. **No wonder**, though – I was wearing my gorgeous bikini... Oh, Jackie, stop **racking** your **brains** – wait and see! There's no training on Monday, unfortunately, but on Tuesday there's the big winners' party in our **clubhouse**. Arndt is sure to be there, and then you can find out.

bronze Bronze
to inspire inspirieren
misery Seelenqual
No wonder. Kein Wunder.
to rack one's brains sich den Kopf zerbrechen
clubhouse Vereinshaus

"Großer Gott! Was ist das?", ruft mein Vater.
Es ist Dienstag, es ist morgens halb acht und wir sitzen beim Frühstück. Weil ich wissen will, was ihn so aufregt, gehe ich zu ihm hinüber und beuge mich über die Tageszeitung, die er in der Hand hält. Im nächsten Moment wünsche ich mir, der Boden unter mir möge sich auftun und mich verschlingen.
Auf der ersten Seite des lokalen Sportteils prangt ein riesengroßes Farbfoto von mir, Fiona und Sibylle auf dem Siegerpodest. Fiona hat mir ihren Arm um die Hüfte gelegt und hält stolz ihre Medaille in die Kamera. Sibylle steht auf der anderen Seite und lächelt gezwungen. Ich bin in der Mitte, natürlich auf dem obersten Treppchen, natürlich im Zentrum des Bildes, und mein knallroter, superknapper Bikini überstrahlt buchstäblich alles. Geschockt sinke ich auf den freien Stuhl neben Papa.
Wild schießen mir alle möglichen und unmöglichen

Gedanken gleichzeitig durch den Kopf. Why didn't they **print** a photo of the boys who won, or one of the butterfly race, or, at least, one of us girls in the water? Doch die Antwort liegt auf der Hand: Because this photo is the best, all because of this embarrassingly sexy red bikini.

Beim Anblick meines Sündenfalls bin ich mindestens so knallrot geworden wie mein Bikini auf dem Bild, das spüre ich deutlich.

Die Brille meines Vaters schiebt sich jetzt unerbittlich über den Rand der Zeitung. "Where did you get that *thing* from?", fragt er in grollendem Ton.

"It was a birthday present from Aunt Becky", erkläre ich kleinlaut.

to print drucken
championship Meisterschaft
puberty Pubertät
to affect sich auswirken auf
brain Gehirn
let alone geschweige denn
sense of humour Sinn für Humor

Papa seufzt. "Of course, she's more than **capable of** something like that. But why on earth did you wear it for the town **championships**?"

Mama kommt herein, die Kaffeekanne in der Hand. Sie wirft einen Blick auf mein Bild in der Zeitung – und bricht in schallendes Gelächter aus.

Mein Vater wirft ihr einen ärgerlichen Blick zu.

"I imagine **puberty is affecting** her **brain**", meint sie immer noch kichernd. "But how on earth were you able to swim in that thing, **let alone** win?"

Thank you for your **sense of humour**, Mum! You really are Aunt Becky's sister, denke ich und lehne mich erleichtert in meinem Stuhl zurück.

Aber zu früh gefreut! Denn nun durchbohrt mich meine Mutter mit einem prüfenden Blick und meint: "I'd like

to know the name of the boy you**'re hitting on** by using such ... ahem ... **drastic** means. Is he tall, dark and handsome?"
Jetzt sehen mich *zwei* Augenpaare mit unverhohlener Neugierde an und ich spüre, wie meine Gesichtsfarbe von Rot zu Dunkelviolett wechselt. Bestimmt kriege ich gleich einen Kollaps.
"I'm not in love, not at all", antworte ich wahrheitsgemäß. "It's only that ... on Friday evening, when I was packing my things for the race, I realized that I hadn't even worn this bikini once this year, and that it was **a shame**, as the summer is nearly over and next spring it'll probably be too small." Zugegeben, das ist gelogen. Aber was soll ich machen? "I never thought this bikini would have such an effect, **honestly**!" Womit zumindest ein Stück Wahrheit gerettet ist.

to hit on sb jdn anmachen
drastic drastisch
a shame schade
honestly ehrlich
colleague Kollege, Kollegin

Resigniert faltet mein Vater die Zeitung zusammen und steht auf, um zur Arbeit zu gehen. Noch einmal wirft er mir einen strengen Blick zu und brummt dabei: "I hope none of my **colleagues** tries to talk to me about this photo."
Dann gibt er meiner Mutter einen Kuss und verlässt zu meiner unendlichen Erleichterung die Küche.

Um halb sechs treffen Fiona und ich auf der großen Siegesfeier im Vereinsheim ein. Ich bin heute so was Ähnliches wie ein Ehrengast, denn weil Arndt den Start vergeigt und unsere Jungenstaffel trotz bester Chancen nur den zweiten Platz gemacht hat,

habe ich am Samstag sozusagen die Ehre des Vereins gerettet.
Von drinnen schallt uns laute Musik entgegen. Wir treten ein und werden prompt von einer Schar Leute umringt und begeistert begrüßt: "Da sind ja unsere beiden Heldinnen!" – "Erste und dritte, wer hätte das gedacht?" – "Ihr habt die Scharte von Arndt und den anderen Jungen voll ausgewetzt!"

sign Spur
to lick one's wounds sich die Wunden lecken

Dann werden wir durch die Menge zur Theke geschoben, wobei wir immer wieder Hände schütteln und winken müssen.
"Hey, Jackie, we're the heroines of the evening", flüstert mir Fiona stolz zu. Sie scheint das Aufsehen um uns beide in vollen Zügen zu genießen.
Ich dagegen habe ganz andere Sorgen.
Damn! Why isn't Arndt here, the idiot?, frage ich mich und schaue mich um. No **sign** of him. I hope he isn't sitting at home **licking his wounds**!
Endlich sind wir an der Theke angekommen und Ronald, der heute Abend den Barkeeper spielt, drückt mir irgendwas zu trinken in die Hand.
Frustriert betrachte ich das nicht gerade kleine Glas, das bis zum Rand mit einer schwärzlichen Flüssigkeit gefüllt ist.
Yuck! Why Coke, of all drinks?, frage ich mich. I really don't like that stuff. I'll swap it for something else.
Aber da gibt mir Fiona einen Rippenstoß und weist mit dem Kopf in Richtung Eingang.
Ich vergesse die blöde Cola und atme erleichtert auf. Denn im Gegenlicht sehe ich zwar nur die Silhouette

des Jungen, der gerade eintritt. Aber der große, breitschultrige, durchtrainierte Körper kann nur der von Arndt sein. **Hooray!**, juble ich innerlich.

Er bleibt einen Moment stehen, sieht sich um und drängelt sich dann langsam, aber zielsicher in unsere Richtung.

Okay, Jackie, don't mess this up, now!, ermahne ich mich und spüre, wie meine Handflächen feucht werden. Ohne zu überlegen, stürze ich das Glas mit der scheußlichen Cola in einem Zug hinunter.

Heavens! This isn't Coke at all – it's a drink with a lot of **alcohol**!, erkenne ich mit Schrecken, während mir das Zeug wie Feuer die Kehle runterläuft. Dann kriege ich einen Hustenanfall.

Fiona nimmt mir das leere Glas aus der Hand und klopft mir mitfühlend auf den Rücken, bis ich wieder Luft kriege.

"Was war das denn für'n Feuerwasser?", frage ich Ronald in vorwurfsvollem Ton.

Erstaunt sieht er mich an. "Na, Whisky-Cola natürlich. Ich dachte, das sei jetzt genau das Richtige für dich, wegen der Stimmung und so. Aber du hättest es nicht so tierisch schnell runterschütten dürfen. So was muss man genießen." Er wendet sich seinem nächsten Kunden zu, der gerade lautstark ein Bier bestellt.

"Oh no!", jammere ich leise. "It wasn't just a bit of alcohol – it was half whisky! I'**m** not **used to** stuff like that at all! What am I going to do?"

Aufmunternd legt mir Fiona den Arm um die Schulter. "Poor thing. Can you still stand **upright**?"

Hooray! Hurra!
Heavens! Himmel!
alcohol Alkohol
to be used to sth etw gewohnt sein
upright aufrecht

Hilflos zucke ich die Achseln. “Well, er, yes, I hope so.”
Sie lächelt mitfühlend. “Okay, but I’m going to **keep an eye on** you. And please don’t be **cross** with Ronald. I’m sure he was just trying to be nice.”
She’s right, muss ich im Stillen zugeben. But it’s me, not him, who has to deal with the **consequences**. I’ve never been **drunk** before.
“’n Abend zusammen!”
Langsam drehe ich mich um. Arndt steht vor mir.
Arndt, wie er leibt und lebt, in voller Muskelkraft und Körpergröße und mit einem besonders breiten Grinsen im Gesicht.
God! Jackie, why didn’t you ever notice before how gorgeous he is?, schießt es mir durch den Kopf. Ich bin so beeindruckt, dass ich mich glatt an der Theke festhalten muss.
Er streckt mir seine kräftige Hand entgegen und meint, immer noch mit strahlendem Lächeln: “Hallo Stadtmeisterin!”
What beautiful blue eyes he has! And he’s really, really sexy. Ich muss ihn immerzu anstarren.
Erst als sein freundlicher Blick ein wenig irritiert zu wirken beginnt, fällt mir auf, dass seine Hand immer noch frei vor mir in der Luft schwebt. Rasch lege ich meine Finger in die seinen und er drückt vorsichtig zu. Als er mich langsam, aber nachdrücklich aus dem Kreis der anderen herauszieht, wehre ich mich nicht.
“Good luck!”, höre ich Fiona noch flüstern, dann gleite ich, nein, schwebe ich regelrecht hinter ihm her. Die

to keep an eye on sb auf jdn aufpassen
cross böse
consequence Folge
drunk betrunken

wobbly schwabbelig
blurred verschwommen
in fact im Grunde
I don't give a damn. Es ist mir völlig egal.

neugierigen Blicke der andern um uns herum registriere ich nur beiläufig.
Arndt führt mich ganz nach hinten in die dunkelste Ecke des großen Partyraumes zu einem leeren Tisch.
Lucky I can sit down here, denke ich. My knees are **wobbly**, I don't know why.
Ich lasse mich auf einen Stuhl genau Arndt gegenüber sinken. Und er kommt auch gleich zur Sache: "Du hast toll ausgesehen vorgestern auf dem Siegertreppchen", sagt er mit zärtlicher Stimme. "Schön und durchtrainiert, eine wahre Siegerin eben."
Oh, did I really? Why?, frage ich mich. Komischerweise fällt mir das Denken im Moment nämlich ziemlich schwer. Oh, yes, of course, he means the bikini!
"Danke", sage ich nur und denke: This Arndt looks really sexy tonight; though it's funny, he seems to be going a little **blurred**. Well, I don't care. **In fact**, right now **I don't give a damn** about anything.
"... hat diese blöde Schnepfe von Sibylle dich vielleicht böse angestiert", erzählt Arndt gerade mit seiner wunderbar warmen, dunklen Stimme. "Aber das hast du gar nicht mitbekommen, glaube ich. Stattdessen hast du *so* schön in die Kamera gelächelt. Und dann war ja auch dieses umwerfende Bild von dir in der Zeitung. Darauf siehst du fast so aus wie ein Filmstar."
Irgendwie hab ich den Eindruck, dass mir sein Gesicht jetzt ein bisschen näher kommt.
"Dieses Foto hab ich mir ausgeschnitten und gerahmt und jetzt hängt es über meinem Schreibtisch", flüstert er. "Aber verrate das niemandem, bitte!"

Mir fällt nichts ein, was ich antworten könnte, deshalb lächle ich ihn nur verzückt an.
At least there's one person in this world who **appreciates** this wonderful photo, freue ich mich. I don't want to remember my father's face when he saw it this morning. And even my mother laughed at me. Horrible! Well, they're just stupid, that's all.
Jemand schaltet die Stereoanlage an und als erstes Lied ertönt ein kitschig-schöner Schmachtsong. I know this tune, überlege ich. Aber im Moment fällt mir einfach nicht ein, wie das Lied heißt und wer es singt.
"Möchtest du tanzen?", fragt Arndt.

to appreciate zu schätzen wissen

Noch denke ich angestrengt darüber nach, was ich ihm antworten soll, da nimmt er schon meine Hand und zieht mich ebenso behutsam wie bestimmt zur Tanzfläche. Dann wiegen wir uns Arm in Arm zu der sanften Melodie und ich bin echt froh, dass ich mich an ihn lehnen kann.
He's so warm and friendly tonight!, denke ich.
"Sag mal, hättest du Lust auf ein Wettschwimmen?", fragt er mich plötzlich.
"Jetzt nicht", murmele ich. "Das Schwimmbad ist doch bis Mittwoch wegen Renovierung geschlossen und ich hab auch gar keinen Badeanzug dabei."
Er lacht leise. "Guter Witz. Nein, ich dachte, wir könnten uns mal im Parkschwimmbad treffen, morgen vielleicht oder übermorgen oder am Freitag. Du warst nämlich so schnell am Samstag, dass ich mich doch glatt gefragt hab, ob du vielleicht sogar *mich* schlagen könntest. Das möchte ich zu gern wissen.

Und danach lade ich dich zu einem Eis ein, was meinst du?"
Eek! Ich kriege einen Adrenalinschub, der mein benebeltes Hirn auf Hochtouren bringt.
"Don't make any mistakes now, Jackie!", brummele ich in meinen nicht vorhandenen Bart.
"Was hast du gesagt, bitte?", fragt Arndt.
Careful, Jackie!, denke ich, dann sehe ich ihn so fest wie nur möglich an, während meine Arme um des sicheren Stehens willen immer noch fest um seinen Hals geschlungen sind.
"Ich hab gesagt, dass ich nicht genau weiß, wann ich Zeit habe", erkläre ich. "Kannst du mir vielleicht deine Handy-Nummer geben? Dann rufe ich dich morgen an."
Er nickt nur. Und weil der Schmachtsong zu Ende ist, zieht mich Arndt zu unserem Tisch zurück und kramt in seinen Hosentaschen.
Ziemlich schwindelig sinke ich auf meinen Stuhl.
Phew! Thank God I can sit down again, stelle ich fest.
Arndt zieht einen kleinen Notizblock und einen Kugelschreiber hervor. I see – he's always got what he needs to give a girl his phone number, registriere ich.
Er kritzelt ein paar Zahlen auf einen Zettel und gibt ihn mir.
Damn it, even these silly numbers are swimming in front of my eyes, fluche ich innerlich.
Ich kneife meine Lider zusammen, strenge mich furchtbar an, meine Augen zu fokussieren, und tatsächlich gelingt mir das auch. Aber ich werde enttäuscht: Es ist nicht die Nummer meines Dichterfürsten.

"Hat sonst noch jemand in deiner Familie ein Handy?", frage ich unverblümt.
Verdutzt schaut er mich an. "Äh, hm, ja, meine Mutter. Aber sie benutzt es nur in Notfällen."
"Gib mir ihre Nummer", verlange ich.
Langsam verwandelt sich Arndts Gesichtsausdruck von Erstaunen in blanke Verwirrung.
"Warum denn?", fragt er.
"Na, wenn ich dich nicht erreiche, dann werde ich halt sie anrufen", erkläre ich in festem Ton. Doch kaum habe ich es ausgesprochen, beschleicht mich das ungute Gefühl, soeben etwas Grottenfalsches gesagt zu haben.
Arndt hebt abwehrend beide Hände. "Bloß nicht! Sie glaubt doch, ich sei immer noch mit Sylvie ..."
"Und? Bist du's etwa nicht?", frage ich wie aus der Pistole geschossen.
"Nein ... ja ... weiß nicht", stammelt er und sogar im schwachen Licht der weit entfernten Lampen sehe ich, dass ihm der Schweiß ausbricht.
"Na gut, dann eben nicht", brumme ich frustriert.
Oh God!, denke ich langsam und mit einer gewissen Anstrengung. Now you *have* made a mistake, Jackie! Maybe Arndt is asking himself right now whether you're a little crazy.
Aber so weit scheine ich in seiner Achtung wohl doch nicht gesunken zu sein. Jedenfalls nimmt er meine beiden Hände und fragt mich zärtlich: "Und? Du rufst mich also an, ja?"
"Klar doch." Ich nicke, was meinem benebelten Kopf nicht gerade gut tut. Überhaupt hab ich jetzt das Ge-

fühl, als würde mein Hirn langsam aber sicher zu Matsch. Düster starre ich vor mich hin.
"He, was ist denn los mit dir?" Gnadenlos holt mich seine Stimme aus meiner Halbtrance.
Eek! Where am I? And why ...?, frage ich mich erschrocken. Oh, yes of course! My poet, the mobile number ... I've got it already. So ... what shall I do now?
In den Tiefen meines Hirns formt sich ein Gedanke, aus dem Gedanken wird eine Idee und aus der Idee wird die Tat.
Zu allem entschlossen sehe ich Arndt in die Augen. "Wenn du mit mir schwimmen gehen willst, dann schreib mir ein Gedicht."
"Wie bitte?" Er sieht mich an, als hätte ich ihm eine Ohrfeige gegeben.
"Alle Jungen, mit denen ich mich treffe, müssen zuerst ein Gedicht für mich schreiben", erkläre ich im Brustton der Überzeugung.
"Aber ich will mich doch gar nicht mit dir treffen. Ich will nur mit dir schwimmen gehen", antwortet er kläglich.
Ich bleibe knallhart. "Egal."
"Hör mal: Ich hasse Gedichte, ich hab noch nie ein Gedicht geschrieben und ich kann auch gar nicht dichten", erklärt er.
Mein Herz macht einen erleichterten Hüpfer.
"Du hast noch nie ein Gedicht geschrieben?", wiederhole ich. "Ehrenwort?"
Er hebt die rechte Hand. "Ich schwöre."
"Dann bis du nich der Richtige für mich", erkläre ich

entschlossen und stehe schwankend auf. "Nich sum Wettschwimm un nich sum Eis essen. Eben überhaup nich. Schön' Ab'nd noch."
Mit erzwungen geraden Schritten stakse ich zurück zur Bar. Dabei sehe ich aus den Augenwinkeln, dass er mir total perplex hinterherstarrt.
"So, what happened?", fragt mich Fiona gespannt, als ich endlich angekommen bin.
Ich lege ihr den Arm um die Schultern und lehne mich an sie. "His mobile number is not the same as the poet's, and he can't write poems either", erkläre ich und versuche, meine Zunge wieder unter Kontrolle zu bringen.
"How did you find out?", wundert sie sich.
"He wanted to meet me at the swimming pool, and I told him that I would only come if he wrote a poem for me", erzähle ich ihr. "He almost panicked – he even **swore** that he can't write poems at all."
Fiona fängt an zu kichern. "That was an interesting **approach**! But we can cross him off our list now."
"No, stop, not yet!", sage ich vermutlich ein bisschen zu laut, denn plötzlich sehen alle Leute in der Nähe zu uns herüber.
Ich warte einen Moment, bis sie wieder wegschauen, dann flüstere ich Fiona ins Ohr: "His mother has a mobile, too, but I don't know her number."
Fiona sieht mich kritisch an. "I thought you said that Arndt couldn't write poetry? I'd say the case was closed. But listen, Jackie, you**'re swaying** and you're talking rather strangely. Are you drunk?"

to swear (swore, sworn) schwören
approach Ansatz
to sway schwanken

Ich zucke nur stumm die Achseln. Mir ist jetzt alles egal, mein Auftrag ist erfüllt und ich will nur noch schlafen.
Entschlossen nimmt sie mich bei der Hand. “Listen, we should leave the party before you get any worse.”
“No, I’m staying”, erkläre ich mit letzter Kraft. Denn ich habe das dumpfe Gefühl, dass ich die zwei Kilometer zu Fuß bis nach Hause nicht mehr schaffe. Inzwischen ist mir nämlich auch noch ziemlich schlecht geworden.
Verdutzt sieht mich Fiona an, dann scheint ihr eine Idee zu kommen: “But Jackie, we have to check Arndt’s mother’s number in the phone book as soon as possible, remember?”
Okay, she’s right, beschließe ich nach einigem Nachdenken, was gar nicht so leicht ist, weil mir jeder Gedanke wegflutscht wie ein Stück Seife im Wasser, sobald ich ihn fassen will.
Behutsam führt Fiona mich zum Ausgang und dann den langen, beschwerlichen Weg nach Hause.

Als ich aufwache, ist es halb drei, wie mir ein Blick auf den Wecker bestätigt. Es ist dunkel, also ist es mitten in der Nacht. Ich weiß nicht, was mich geweckt hat, aber im Moment ist sowieso alles ziemlich komisch: Die Wände, die Schränke, die Poster – alles dreht sich um mich und mein Kopf tut weh. Ich fühle mich, als hätte man mich durch einen Fleischwolf gedreht.
Zuerst bin ich mir gar nicht so sicher, ob das leise Miauen, das ich jetzt höre, nur meinem verwirrten Hirn entspringt oder ob es vielleicht doch echt ist. Aber dann kratzt etwas laut und deutlich an meinem ange-

lehnten Schlafzimmerfenster. Langsam geht es auf und Dracula kommt auf leisen Pfoten hereinspaziert. Er springt von der Fensterbank, schleicht durchs Zimmer, hüpft auf mein Bett, kuschelt sich an meinen Bauch und beginnt sich hingebungsvoll zu putzen.

progress Fortschritt
inferior *hier:* minderbemittelt
being Wesen

Ich streichle ihn und nach einer Weile stelle ich erleichtert fest, dass der verwirrende Tanz meiner Zimmereinrichtung allmählich langsamer wird. Nur die Kopfschmerzen wummern und bohren gnadenlos weiter in meinem armen Hirn.

“Listen, Dracula, we made some **progress** in our search for my mysterious poet”, erzähle ich dem Kater, als alle Möbel endlich wieder fest an ihrem Platz stehen. “It can’t be Arndt the swimmer. He can’t write poetry at all. He even swore he couldn’t. So Fiona and I decided to cross him off our list.”

Dracula reckt sich, gähnt herzhaft und sieht mich nachdenklich an.

Ich kann mir vorstellen, was er mir sagen möchte: “A human tomcat who can’t write poetry – does such a thing really exist? If this Arndt is such an **inferior being**, he’s not the one for you, believe me.”

HOLGER
Kirschsaft und Himbeermarmelade

"How are you feeling this morning?", fragt mich Fiona besorgt.
Als ich eben auf den Schulhof kam, stand sie neben Christoph, aber nun, oh Wunder, hat sie sich von ihm losgeeist und kommt zu mir herüber.
"Oh, I'm fine", beruhige ich sie. "Last night I woke up and everything in my room **was spinning** around me; I felt really bad. But I'm okay now."
Was ich ihr nicht erzähle, ist, dass ich vor dem Frühstück noch eine Tablette gegen die Kopfschmerzen genommen habe, sonst ...
"You've got a **hangover**", diagnostiziert Fiona. "No wonder, after all that whisky. You were really drunk."
"But I did get all the information we needed from Arndt", bemerke ich nicht ganz ohne Stolz.

to spin (span, spun) sich drehen
hangover Kater
You did a good job. Du hast gute Arbeit geleistet.

Sie grinst. "Yes, **you did a good job**. I suggest we check out Holger next, because Plan B is perfect now."
"Tell me!", fordere ich sie auf.
"Okay. Every Wednesday afternoon, just before four o'clock, Holger rides his bike to football training", erklärt sie. "So I thought ..."
Ausgerechnet jetzt spaziert dieser blöde Marcel Mrosek mit ein paar Kumpels in unsere Richtung. Er hat

zwar garantiert nicht vor, mit uns zu plaudern. Dennoch ist er wirklich der Allerletzte, der von unseren Plänen etwas mitkriegen darf. Also lege ich Fiona meinen linken Arm um die Schulter und wir spazieren gemeinsam über den Schulhof und besprechen Plan B.

> **mean** gemein
> **to call sth off** etwas abblasen
> **weird** unheimlich

"Listen, Dracula – plan B is really **mean**", gestehe ich meinem Kater. Seit der großen Pause am Vormittag nagt das schlechte Gewissen an mir.
Nun ist es nachmittags halb vier und ich muss nur noch schnell meine Schultasche packen, dann kann's losgehen. Gleich wird Fiona mich abholen und dann werden wir Holger gemeinsam auflauern.
"We're really going to frighten him", murmele ich zerknirscht und schiebe mein Geschichtsbuch in den Rucksack. "Poor Holger. I hope everything works out okay!"
Dracula steht auf und streicht um meine Beine, fast so, als wolle er mich trösten. Ich nehme ihn auf den Arm, setze mich auf das Sofa, streichele ihn, bis er schnurrt. "I'm even more nervous than I thought I'd be. And I'm really glad you're with me now, even if you are only a cat." Ich drücke meine Wange in Draculas weiches Fell und frage ihn: "Do you think it would be better to **call** the whole thing **off**?"
Draculas Antwort kann ich nicht abwarten, denn mein Handy spielt plötzlich *God Save The Queen*.
Ich fahre vor Schreck zusammen und lasse den Kater fallen. Mit beleidigtem Maunzen schleicht er davon.
"I hope it's not the **weird** poet again", zische ich und

fingere aufgeregt nach dem Telefon in meiner Hosentasche. Mit klopfendem Herzen rufe ich die Nachricht ab und lese:

```
Schönste Königin des Sommers,
was mache ich nur? So ohne dich
ist mein Leben fürchterlich.
Einsam ist es, traurig, dunkel,
stets seh ich deine Augen funkeln,
die so strahlend, glänzend, warm.
Oh, könnte ich doch meinen Arm
um deine weichen Schultern legen!
Dich zu spüren wär ein Segen.
Ach, wie traurig ich doch bin,
denn ohne dich hat gar nichts Sinn.
Dein dich ewig liebender
Prinz des Herbstes.
```

"This guy is really making me nervous", stöhne ich. Dracula, der es sich auf seinem Lieblingsplatz auf dem Sofa gemütlich gemacht hat, muss sich das anhören. "Listen!" Dann übersetze ich ihm das Gedicht und rede mich dabei richtig in Rage.

"Fine", schimpfe ich, "he **deserves** everything he gets! This is clearly a case for plan B. The autumn prince isn't going to put his arm anywhere near my shoulders – it's not me he's going to feel, it's my **revenge**! Fiona and I are going to **unmask** him." Entschlossen lösche ich die Nachricht und stecke das Handy wieder ein. "Maybe

to deserve verdienen
revenge Rache
to unmask entlarven

I'm nervous, maybe I'm being **unfair**, but I'm going to **go along with** Fiona's plan B."
Es klingelt an der Haustür. Das muss Fiona sein.
"**Here we go!**", sage ich zu mir selbst und ziehe mir meine Jeansjacke über. "Nothing can stop me now."
Fiona trägt ein verwaschenes Sweatshirt und eine alte, ausgefranste Jeans. Ideale Klamotten für unsere heutige Aktion. Aber ihre Wangen sind glühend rot. Offenbar ist sie mindestens genauso nervös wie ich. Ich erzähle ihr sofort von dem Gedicht, das ich heute bekommen habe.
"He sent me a new poem, just a few minutes ago." Da ich es schon auswendig kenne, zitiere ich ihr den Text.
Sie runzelt die Stirn und hört konzentriert zu. Als ich fertig bin, meint sie: "Holger **may very well be** your poet. Maybe he was inspired again just before he went to his football training."

unfair ungerecht
to go along with beipflichten
Here we go! Es geht los!
(he) may very well be (er) könnte gut sein
to turn out sich herausstellen
unknown unbekannt
indeed tatsächlich
telling-off Standpauke

Ich weiß nicht mehr, was ich denken soll. Einerseits hoffe ich, dass es nicht ausgerechnet Holger ist. Andererseits wäre es nicht die schlimmste aller Lösungen.
"If it **turns out** that it's really Holger who's been sending me all these poems, at least I'll know that it's not some **unknown** stalker. At least Holger's someone I don't have to be afraid of."
Fiona pflichtet mir bei, ist aber heute offenbar nicht sehr gesprächig.
Still, denke ich, if it turns out that Holger is **indeed** the poet, he's going to get a **telling-off** he'll never forget!

Nun komme ich mir plötzlich auch gar nicht mehr so furchtbar gemein vor.
Wir steigen auf unsere Fahrräder und sausen los.
Unser Ziel ist eine Kreuzung zweier Fahrradwege kurz vor dem Fußballstadion. Dort verstecken wir uns hinter einem ausladenden Holunderbusch.
"Are you sure he comes past here?", frage ich mit klopfendem Herzen.
Fiona nickt. "If he takes the direct route from his home, he should do. When I was going home last Friday I **bumped into** him here. He was on his way to a football match."
"I'm guessing this gave you the idea for plan B", stelle ich fest.
Fiona nickt. "**You bet**."
Okay then, let's hope for the best, denke ich.
Fiona wühlt in ihrer Einkaufstasche, die sie auf dem Gepäckträger ihres Fahrrads festgeklemmt hat.
"Here it is", meint sie zufrieden und holt einen nicht aufgeblasenen, aber fest zugebundenen Luftballon hervor, in dem eine sehr geheimnisvolle Flüssigkeit sehr verdächtig gluckert.
"What's in there?", frage ich neugierig.
"**Cherry juice**", murmelt sie geistesabwesend und holt ein ledernes Etui aus der Tasche. Sie öffnet es und zieht eine kleine Sicherheitsnadel heraus. Dann knöpft sie ihre Jeans auf, schiebt den Luftballon von oben in ihr linkes Hosenbein und steckt ihn auf der Höhe ihres Oberschenkels mit der Sicherheitsnadel fest.

to bump into sb jdn zufällig treffen
You bet. Darauf kannst du wetten.
cherry juice Kirschsaft

Bewundernd beobachte ich sie.
Heavens! I've known you for so many years now, but I had no idea you were so clever, denke ich.
Fiona knöpft ihre Hose wieder zu und zaubert eine Nagelschere aus dem Etui.
Rrritsch! Schon hat der linke Ärmel ihres alten Sweatshirts ein Loch, und zwar genau auf der Höhe ihres Ellbogens. Dann holt sie noch etwas aus ihrer Tasche.
"But ... this is raspberry jam!", entfährt es mir.
"Yes, of course", bestätigt sie mit hinterhältigem Lächeln. "It's going to look very realistic, isn't it?"
Ich nicke stumm und beobachte, wie sie mit einem Teelöffel ein wenig Marmelade auf ihren entblößten linken Ellenbogen schmiert.
"Okay. Now I'll put a little jam on my **forehead** as well", brummt sie. "It looks worst just over my left eye, doesn't it?"
"Give me the spoon." Ich nehme ihr den halb vollen Löffel aus der Hand und schmiere vorsichtig ein wenig von der Marmelade über ihre Augenbraue. Sie setzt sich den Helm auf und ich betrachte sie kritisch. "Hmm ... The raspberry jam will be dry in a minute. It's going to look exactly like a very nasty **graze**", stelle ich zufrieden fest.
"Okay, **well done**." Fiona räumt ihre Einkaufstasche weg. Dabei blitzt in ihrer Hand etwas Dünnes, Silbriges auf.
"What's that?", frage ich.
"It's a **pin**", antwortet sie. "I need it for the balloon."
Wir gehen in Position. Das heißt: Wir steigen auf unse-

forehead Stirn
graze Abschürfung
Well done. Gut gemacht.
pin Stecknadel

re Fahrräder, spähen durch die Holunderblätter und warten.
Und warten. Und warten.
Immer wieder schiele ich nervös auf meine Armbanduhr, auf der der Sekundenzeiger unerträglich langsam weiter und weiter tickt und der große Zeiger unbarmherzig näher und näher auf die Zwölf zuwandert.
He isn't coming!, denke ich irgendwann.
Als es definitiv fünf nach vier ist, erkläre ich laut: "Don't you think we should give up now?"
"Be quiet!", zischt Fiona.
Dann höre ich es auch: das Sirren einer sehr schnell fahrenden Alugurke.
Das Geräusch kommt immer näher, ganz klar.
Dann ein gehetztes Keuchen. Eindeutig männlich.
Jetzt wird's ernst. Mir tritt der Schweiß auf die Stirn.
Fiona reckt sich und lugt zwischen den Zweigen des Holunderbusches hindurch. "It's him!" Sie beugt sich über ihren Fahrradlenker, ihre Muskeln spannen sich an, dann fährt sie in vollem Tempo los, auf die Kreuzung zu, auf die auch der Radfahrer zufährt. Jetzt erkenne ich ihn. Es ist Holger, eindeutig. Noch wenige Meter.
Ich flüstere ein Stoßgebet: "Dear God, please let it work, please, please, please!"
Im letzten Moment weicht Fiona Holger aus, der in atemberaubendem Tempo auf sie zurast, und stößt einen fürchterlichen Schrei aus.
Der arme Junge tritt voll in die Bremsen, Fionas Fahrrad kippt um, sie schreit, noch lauter diesmal, qualvoll!
Das ist mein Einsatz. Ich trete in die Pedale, was das Zeug hält, und sause zum Ort des Schreckens.

Da liegt sie am Boden, die beste Freundin von allen, und krümmt sich leise jammernd vor Schmerzen. Langsam breitet sich ein dunkelroter Fleck auf ihrem linken Oberschenkel aus.

Blass, die Hände vors Gesicht geschlagen, steht der arme Holger daneben.

“He, hier gilt rechts vor links, du Idiot!”, zische ich ihn an, aber jedes Wort ist wie ein Schnitt durch meine Seele.

Ich reiße mich zusammen, lasse mein Fahrrad achtlos auf den Weg fallen, beuge mich zu meiner ‘verletzten’ Freundin hinunter und ringe die Hände so überzeugend, wie ich nur kann. “Mannomann, das sieht aber gar nicht gut aus. Dein Bein … und dein Gesicht … oje, und dann auch noch dein Ellenbogen! Tut’s denn sehr weh?”

Fiona stößt ein markerschütterndes Gejammer aus. Vorsichtig hebe ich ihren linken Arm an und zeige Holger die Himbeerabschürfungen mit jeder Menge verkrustetem Marmeladenblut.

Wenn der arme Kerl eben schon blass war, dann wird er jetzt kreideweiß.

“Das … das wollte ich nicht”, stottert er. “Ich … ich hatte es eilig, zum Training zu kommen, war spät dran und da hab … hab ich nicht aufgepasst. Es tut mir entsetzlich leid, ehrlich.”

Jackie, you’re such a bitch! You are so mean, beschimpft mich meine innere Stimme. Right, antworte ich ihr. But there’s no going back now.

Dann fauche ich verabredungsgemäß Holger an: “An die Verkehrsregeln muss man sich ja wohl trotzdem

halten!", bevor ich mich wieder der jammernden Fiona zuwende. "Versuch mal, dich aufzusetzen, gaaanz vorsichtig", bitte ich sie und meine Stimme ist voller Besorgnis.
Sie tut wie geheißen und stöhnt dabei geradezu bühnenreif.
"Du Rüpel!", schnauze ich Holger an. "So einen wie dich können wir hier nicht gebrauchen. Wenn du's mit deinem Fußballtraining so furchtbar eilig hast, dann mach dich vom Acker. Ich bringe die arme Fiona zum Arzt, denn da muss sie offensichtlich hin. Aber lass mir gefälligst deine Handy-Nummer da, damit wir dich anrufen können, wegen der Versicherung und so weiter."
Ich greife in meine Jackentasche, in der ich vorausschauend Kugelschreiber und Notizblock deponiert habe. Schließlich kann man sich als ordentliche *nasty bitch* nicht drauf verlassen, dass die Opfer immer alles dabei haben, was sie brauchen. Ich zücke den Stift und sehe ihn abwartend an. Aber es ist nicht so einfach, bei Holgers Anblick die Fassung zu wahren.
Here I am, denke ich, feeling like a witch with a **taste** for eating small children. And right now poor Holger looks a lot like little Hansel in the fairytale of Hansel and Gretel. He seems to **be shrinking** under the **weight** of his **guilt**.
"Ja ... ja klar", antwortet er verschüchtert und gibt mir brav seine Nummer.
Es ist nicht die Nummer des gesuchten Dichterfürsten. Mist! Unwillkürlich stoße ich einen tiefen Seufzer aus, den er mit einem leicht verwirrten Blick quittiert. Aber Fiona, die

taste Vorliebe
to shrink (shrank, shrunk) zusammenschrumpfen
weight Gewicht
guilt Schuld

immer noch wimmernd am Boden liegt, kann ich ansehen, dass sie kapiert hat.
“Und jetzt bitte noch die Handy-Nummern von deiner Mutter und deinem Vater und deinem Bruder”, fordere ich.
Jetzt klappt Holger die Kinnlade runter.
Oh dear, this is getting **dodgy**!, schießt es mir durch den Kopf, aber laut und in gereiztem Ton sage ich: “Na, falls wir wirklich die Versicherung einschalten müssen und du dich weigerst, die Sache deinen Eltern zu beichten.”

dodgy heikel

Holger runzelt die Stirn. “Dann braucht ihr doch bloß auf unserem Festnetz-Apparat anzurufen. Die Nummer steht schließlich im Telefonbuch.”
Schachmatt.
No, oh no, what do I do now?, frage ich mich. Mein Hirn arbeitet auf Hochtouren, aber mir fällt trotzdem nichts ein. Ein dicker Schweißtropfen läuft über meine Stirn und meine Wange bis zu meinem Kinn.
Da beginnt Fiona laut zu stöhnen. Sie liegt immer noch am Boden, doch jetzt hält sie sich ihren linken Oberschenkel, dessen Hosenbein inzwischen klatschnass und tiefrot ist. Kirschsaftblut tropft von ihrem Knöchel auf den Kiesweg.
“Die Nummern!”, fordere ich drohend.
Holger wirft Fiona einen total geschockten Blick zu und dann nennt er sie mir alle: die Nummer seiner Mutter und die seines Vaters, die seines großen Bruders und vorsichtshalber auch noch die seines Großvaters, der auch mit im Haus wohnt. Erstaunlich, dass der in seinem Alter auch so ein Ding hat.

Doch auch diesmal ist die Nummer des Dichterfürsten nicht dabei.

Shit! Scheiße!

Shit!, denke ich, doch äußerlich bewahre ich Haltung und knurre: "Okay, Holger, hau ab!"
Dann stecke ich meinen Notizblock wieder in die Jackentasche.
Zweifelnd sieht er mich an. "Soll ich nicht doch besser hier bleiben und euch helfen?", meint er kläglich. Er geht zu Fiona und versucht sehr vorsichtig, sie hochzuziehen.
Doch die stößt einen Schmerzensschrei aus, den man garantiert bis zum Stadion hören kann. Holger lässt sie los, als hätte sie ihm einen elektrischen Schlag verpasst. Fiona umklammert krampfhaft ihr linkes Bein.
Jetzt verliert der arme Junge völlig die Nerven. "Ogottogott", jammert er. "Was kann ich denn bloß tun?"
Jetzt sieht Fiona genauso aus wie Dracula, wenn er sich an eine ahnungslose Maus heranschleicht. Aber nur für einen kurzen Moment, dann mutiert ihr Gesicht wieder zur perfektesten aller Leidensmienen.
"Du könntest mir was dichten", haucht sie schwach.
Holger macht einen Schritt zurück. "Wie bitte?!"
"Dichten", wiederholt Fiona. "Ich liebe Gedichte. Immer wenn es mir schlecht geht, lese ich welche. Und ob du's glaubst oder nicht: Das hilft!"
Der arme Kerl verliert jetzt vollends die Fassung. "Aber ... aber ich kann überhaupt nicht dichten", versichert er. "Hab's jedenfalls noch nie versucht ... finde es auch ganz fuchtbar, ehrlich! Außerdem hab ich in Deutsch nur eine Vier."

"Dann ist es wohl das Beste, wenn du jetzt wirklich verschwindest", erklärt Fiona.
Mit großen Augen sieht Holger sie an. "Sollte ich nicht ... doch besser den Krankenwagen ...?"
Fiona dreht die Augen nach oben. "Du hast hier schon genug Unheil angerichtet, ehrlich."
Nun geht er tatsächlich. Das heißt: Er hebt sein umgestürztes Fahrrad auf und trottet mit hängendem Kopf davon.
Ich schaue ihm nach und vor lauter schlechtem Gewissen krampft sich mein Magen zusammen. Der Junge tut mir so leid, dass ich es kaum übers Herz bringe, ihn so gehen zu lassen.
"Phew!", seufzt Fiona leise, als er sich ein gutes Stück von uns entfernt hat. "We did it! I guess we can cross him off ..."
... *our list,* wollte sie vermutlich sagen. Aber dazu kommt es nicht. Stattdessen starrt sie auf einmal mit aufgerissenen Augen über meine Schulter.
"Was ist denn *hier* los?"
Alarmiert drehe ich mich um und falle augenblicklich in eine Art Schreckstarre. Vor mir steht Marcel.
Oh no. Not him, of all people! And it was all going so well! Als ich mich wieder rühren kann, werfe ich einen schnellen Blick über meine Schulter und stelle zu meiner Erleichterung fest: At least Holger didn't see Marcel turn up – he**'s** still **trotting** towards the **football pitch**, **head hanging**.

to trot traben
football pitch Fußballplatz
head hanging mit hängendem Kopf

Mit schnellen Schritten ist Marcel bei Fiona, kniet neben ihr nieder, wirft einen prüfenden Blick auf die

Verletzte und murmelt: "Au weia, das sieht aber gar nicht gut aus."
In Fionas Augen spiegelt sich das blanke Entsetzen.
Thank God he's looking at her leg, not at her face, geht es mir durch den Kopf. Otherwise he'd see immediately that something funny **was going on**.

to be going on
vor sich gehen

"Lass mich!", jammert Fiona. "Du machst alles nur noch schlimmer!"
"Bestimmt nicht", versichert er in seiner typischen selbstbewussten Art. "Mein Vater ist Arzt und ich kenne mich mit erster Hilfe ziemlich gut aus."
That just makes things worse!, wird mir auf der Stelle klar. Fiona wirft mir einen verzweifelten Blick zu. Ich muss etwas unternehmen, auf der Stelle! Aber was?
Fachmännisch begutachtet Marcel das tiefrot gefärbte Hosenbein. "Hm, ich fürchte, wir müssen den Stoff aufschneiden", stellt er fest. "Hättest du was dage..."
Er hält inne, sein Blick wandert langsam an ihrem Bein abwärts und bleibt an der kleinen, roten Pfütze unter ihrem Knöchel hängen. Ganz langsam, mit höchst verdutztem Gesicht, tunkt er seinen rechten Zeigefinger in die dunkle Flüssigkeit ... und probiert!
"Das ist ja Kirschsaft!", ruft er aus und hält sich verdattert seinen abgeleckten Finger vors Gesicht.
Mit einem Schlag wird die arme Fiona genauso dunkelrot wie ihr Hosenbein.
Und ich kann mich nur noch verzweifelt fragen: Okay, why won't the ground swallow me up? Meine nächste Idee ist auch nicht viel intelligenter: Jackie, you should look for a big branch, knock Marcel over with it, grab Fiona and run away!

Meine Augen suchen tatsächlich fieberhaft nach irgendetwas, mit dem sich zuschlagen ließe. Doch dann kehrt gerade noch rechtzeitig so etwas wie Logik in mein Hirn zurück: Even that won't help us. Tomorrow at school Marcel will **expose** us. If I **knock** him **out** now, I'll only make it worse. There's no way out of this.
Ich schaue wieder zu Fiona hin, die gerade versucht, möglichst unbemerkt von Marcel wegzukriechen.
Doch der beugt sich gnadenlos noch einmal über sie und inspiziert kritisch die Himbeerwunde an ihrer Stirn.
"Lass sie in Ruhe, du Rüpel", schnauze ich ihn an, in der allerletzten Hoffnung, ihn doch noch irgendwie abzulenken und vielleicht sogar zu vertreiben.

to expose
bloßstellen
to knock out
bewusstlos schlagen

Doch er scheint mich gar nicht zu hören. Stattdessen konstatiert er fachmännisch: "Marmelade."
Plötzlich und unabwendbar überkommt mich nun die schiere Panik. Ich sinke auf die Knie, schlage meine Hände vors Gesicht und fange leise an zu schluchzen. Ich weiß nicht, wie lange ich so dahocke. Aber als ich aus meinen verweinten Augen wieder aufblicke, sehe ich, dass Marcel vor mir auf dem Kiesweg sitzt, ungläubige Hilflosigkeit im Gesicht, und einfach nur zwischen uns hin- und herschaut: zu Fiona, die immer noch bleich und mit tropfendem Hosenbein neben ihm liegt, dann wieder zu mir, die ich schniefend auf der anderen Seite knie und der schrecklichen Dinge harre, die nun kommen werden.
"Was habt ihr euch bloß dabei gedacht?", fragt er endlich mit heiserer Stimme.

Hilflos schaut mich Fiona an.
Ich werfe ihr einen panischen Blick zu, der so viel sagen soll wie: Don't tell him the truth, no way! We'll be lost if you do!
Weil mir auch keine überzeugende Ausrede einfällt, sage ich: "Zwing uns bitte nicht, es dir zu erklären!"
"Na hört mal", antwortet er ärgerlich. "Ihr habt Holger einen riesigen Schrecken eingejagt. Habt ihr überhaupt registriert, dass er sich entsetzliche Vorwürfe macht, und das nur wegen Kirschsaft und Marmelade?"
Beschämt senke ich den Kopf.

to stage inszenieren
to guarantee garantieren
laughing-stock Gespött

Yes, I know. Fiona and I are dirty rats, it's true, denke ich. If you knew why we **staged** this drama, you might understand us. But who could **guarantee** that you wouldn't immediately tell all your friends and make us the **laughing-stock** of the whole school?
Marcel runzelt die Stirn und fragt: "Was wolltet ihr von ihm? Na los, raus mit der Sprache!"
"Nichts, gar nichts. Jedenfalls nichts Materielles. Ich schwör's, bei allen Heiligen!" Dabei bin ich gar nicht katholisch, aber das fiel mir grade so ein. Muss ich irgendwo in einer Serie gesehen haben.
Und Fiona fügt noch hinzu: "Wir wollten etwas wissen. Etwas, was Holger weder blamieren noch ihm sonstwie schaden kann. Aber für uns ist es wichtig."
"Sehr, sehr wichtig", bestätige ich.
"Und auf normalen Wege hätte er es uns mit Sicherheit nicht gesagt", fährt Fiona fort. "Mehr war da nicht. Ehrenwort."

Zweifelnd sieht Marcel uns an.
"Du kannst ihn ja fragen, ob er uns irgendwas anderes gegeben hat außer Informationen", füge ich hinzu. "*Davor* haben wir keine Angst. Aber warum wir das alles hier inszeniert haben, das können wir dir wirklich, ehrlich, absolut nicht verraten."
Fiona nickt heftig.
"Aha", meint Marcel und schaut nachdenklich zu Boden.
Dann, um die Situation endgültig zu retten, füge ich laut hinzu: "Das heißt: In ein paar Monaten können wir es dir ganz bestimmt erklären."
Fiona nickt noch heftiger. "Ja, klar können wir das. Sagen wir ... am Tag vor den Weihnachtsferien, okay?"
Schnell rechne ich im Kopf nach: It's September now; we've got October, November, and most of December. We'll have three months to find out who the poet is.
"Ja, dann können wir dir alles erzählen", bestätige ich noch einmal. "Aber bis dahin tu uns bitte den einen Gefallen: Verrate uns nicht! Bei niemandem! Schon gar nicht bei Holger!"
Fiona fasst Marcel am Ärmel seines hellen Sweatshirts und merkt gar nicht, dass sie es dabei ordentlich mit Kirschsaft beschmiert. Sie sieht ihn flehentlich an mit ihren schönen, großen, blauen Augen und sagt nur ein einziges Wort: "Bitte!"
Marcel überlegt kurz, dann seufzt er. "Also gut. Aber das mach ich nur, weil ich denke, dass man so ein idiotisches Theater nur inszeniert, wenn wirklich etwas sehr, sehr Wichtiges auf dem Spiel steht."
You bet, bestätige ich in Gedanken.
Er steht auf, verabschiedet sich knapp und geht davon.

grown-up erwachsen
I can't stand him. Ich kann ihn nicht ausstehen.
to limp hinken
to pretend vorgeben
to injure verletzen
to fall off runterfallen
to stab stechen
thigh Schenkel

Bevor er um die Ecke biegt, schaut er noch einmal zurück. Einen Augenblick nur ruht sein Blick auf uns, die wir immer noch völlig fertig auf dem Boden hocken, dann schüttelt er den Kopf und läuft weiter.
"I wonder why you don't like him", meint Fiona leise. "I think he was really fair, if you ask me."
Ich schüttle den Kopf. "No, I think he was just arrogant. I really hope he'll at least keep quiet!"
Fiona nimmt meine Hand und drückt sie. "He will, I'm sure about that. He seemed so ... er ... so **grown-up** to me. Not like Holger, or that show-off Arndt."
"Well, that's what you think", widerspreche ich und stehe auf. "**I can't stand him.**"
Dann ziehe ich Fiona hoch. Schweigend heben wir unsere Räder auf und schieben sie in Richtung Heimat.
"Fiona, you can stop **limping** now", meine ich nach einer Weile. "Holger's miles away; you don't need to **pretend** you've been **injured** any more."
Sie seufzt. "The truth is, when I **fell off** my bike I **stabb-ed** a little too hard at the cherry-juice balloon. The pin went right into my **thigh**. It really hurts – I'm not pre-tending."
Ouch!, denke ich. Jackie, did you realize what a good friend Fiona has been to you these last few days? She's been helping you in every way she can, and now she's even injured herself!
Spontan lege ich ihr den Arm um die Schulter und

drücke sie. "Dear Fiona", sage ich dabei. "You are the very best of friends, no doubt about it."

"Okay, we can definitely cross Holger off now", konstatiert Fiona.
Gerade hat sie sich ihrer zerfetzten Klamotten entledigt, geduscht und sich neue Sachen angezogen. Währenddessen hab ich die Sachen in unserer Mülltonne entsorgt und uns einen duftenden Earl-Grey-Tee gekocht. Jetzt sitzen wir vor zwei dampfenden Tassen auf meinem Sofa, Fiona mit ihrem Notizblock in der Hand, ich mit Dracula auf dem Schoß, und beratschlagen, wie es weitergehen soll.
"Has Maire answered already?", frage ich.
"Yes, of course. She sent me an e-mail yesterday", meint Fiona. "She understands perfectly, and says she'll do anything to help you."
Ich lächle erfreut. "Great. That's nice of her."
"She's a lovely person", bestätigt Fiona. "And as I told you, she's *very* pretty, and really **smart** too."
"No wonder", sage ich und grinse. "She's your cousin!"
Fiona nimmt einen Schluck Earl Grey, dann fährt sie fort: "I bet you ten to one that Maire will **twist** Luca **round her little finger** and get everything we need out of him. She's arriving at the airport on Saturday."
That's great, denke ich. Maybe with her help we'll unmask my mysterious poet!
Fiona wirft noch einen prüfenden Blick auf ihren Notizblock und brummt dabei halblaut vor sich hin: "Listen, Jackie! Arndt can't be your secret poet, **nor** can Hol-

smart klug
to twist sb round one's little finger jdn um den kleinen Finger wickeln
(neither ...) nor (weder ...) noch

ger, and, to tell you the truth …" Sie wird ein bisschen rot. "Well, I don't think it's Christoph either."
"No, it can't be Christoph. No way. **Out of the question**!", versichere ich eilig.
Sie lächelt und nickt nachdrücklich. Dann überfliegt sie noch ein letztes Mal ihre Notizen und plötzlich erhellt ein glückliches Strahlen ihr Gesicht. "Hey, Jackie! Luca – *your* Luca – is the only one who's still on our list!"
Luca? Ich überlege. I hadn't thought that far yet, probably because I felt so **guilty** about Holger, and because I was so **shocked** by Marcel's sudden **appearance**. Dann geht mir ein Licht auf. But that would mean Luca may be … that he probably is … "Yes! Oh yes, yes, yes!", jubele ich und springe so plötzlich auf, dass mein armer Kater mit einem erschrockenen Satz von meinem Schoß hüpft und sich eilig unter dem Kleiderschrank in Sicherheit bringt. "It's Luca! It's him. It must be him!"
Ich packe Fiona bei den Händen, ziehe sie hoch und tanze mit ihr so wild durch mein Zimmer, dass der Boden bebt und die Wände wackeln.
Irgendwann sinken wir beide keuchend auf mein Sofa.
"Listen, Jackie … I have … I have to go home now", japst Fiona. "Learn … French … vocabulary. Maybe … **written** test tomorrow."
Erschrocken fasse ich mir an den Kopf. "Yes, you're right, of course! I'd forgotten all about it, and I haven't done any revision yet."
"It's high time we did", erklärt Fiona, die wieder Atem geschöpft hat, und packt ihren Notizblock ein.

Out of the question. Keine Frage.
guilty schuldig
shocked schockiert
appearance Erscheinen
written schriftlich

Ich bringe sie zur Haustür, dann renne ich die Treppe hinauf, schnappe mir mein Französischbuch, lasse mich aufs Sofa fallen und gehe die Vokabelreihen durch. Aber es fällt mir schwer, mich zu konzentrieren, denn in meinem Kopf kreist nur ein einziges Wort, und das lautet: Luca ... Luca ... Luca ...
Nach einer komplett verschwendeten Viertelstunde beobachte ich aus den Augenwinkeln, wie Dracula vorsichtig unter dem Schrank hervorlugt und dann langsam herauskriecht.
"Did we give you a shock jumping around like that, dear?", frage ich. "Poor thing! Please **forgive** us!"
Er schaut mich aufmerksam an und lässt sich vor mir auf dem Teppich nieder.
"It's a shame that you don't know Luca", erkläre ich ihm. "If you did, you'd understand. You'd know that he's absolutely gorgeous, the most fantastic tomcat in the world, **so to speak**. That's how I feel about him."

to forgive (forgave, forgiven) vergeben
so to speak sozusagen
to offend beleidigen

Dracula wirft mir einen *sehr* eigenartigen Blick zu. Dann steht er auf und marschiert mit erhobenem Schwanz und steifen Schritten auf die angelehnte Zimmertür zu. Eek! **Have** I **offended** him?, frage ich mich, dann rufe ich laut: "Hey, Dracula, dear, I'm sorry. *You* are the most fantastic tomcat in the world!"
Doch er schiebt mit einer geschickten Kopfbewegung die Tür auf und spaziert hindurch, ohne sich noch einmal nach mir umzusehen.
"Okay", brumme ich frustriert. "The gentleman is offended. Fine. I can't do anything about it."

LUCA
Alle Ungerechtigkeit der Welt

Am Samstagmorgen warten Fiona und ich auf dem Köln-Bonner Flughafen darauf, dass endlich, endlich die märchenhafte Maire durch die Glastür tritt. Nervös zupfe ich am Ärmel meines Sweatshirts.

Fionas Mutter sollte eigentlich auch hier sein, sucht aber noch einen Parkplatz im Parkhaus und wird gleich nachkommen.

"I'm so **curious** about her!", sage ich. "What did you say she looks like?"

"She doesn't look like me at all", versichert mir Fiona zum x-ten Mal. "Her hair is red and her eyes are green, like her father's. And she's a lot taller than me."

"No wonder. She's two years older than you", konstatiere ich und stelle mich auf die Zehenspitzen, um besser über die breiten Schultern meines Vordermanns blicken zu können.

Why can't I see anything behind this horrible glass door?, frage ich mich. And why didn't Fiona have a **recent photo** of Maire? The only pictures I've seen show Fiona and Maire as little girls. They're standing on some Irish beach and Maire looks really nice with her red hair, **freckles** and **cheeky snub nose**. But she's a bit **plump** in those photos, too.

In diesem Punkt hat Fiona mich bereits

curious neugierig
recent photo neueres Foto
freckle Sommersprosse
cheeky frech
snub nose Stupsnase
plump pummelig

beruhigt. “Don’t worry, Jackie. Maire’s thin now, like me. And her legs are probably longer than yours and mine together!”
Endlich wälzt sich ein Pulk von Leuten auf die Glastür zu und sie öffnet sich.
“There she is!”, ruft Fiona. Sie zeigt nach rechts, ich folge ihrem Finger mit dem Blick ... und kriege den Schock meines Lebens. Da stampft eine klobige, bestimmt hundert Kilo schwere Rothaarige mit einer Unmenge Sommersprossen in ihrem blassen Gesicht auf uns zu. Als sie näher kommt, erkenne ich mit Schrecken, dass eine ganze Menge dicker Akne-Pickel darunter sind. Ihr Gang gleicht dem eines Walrosses an Land. Das einzig wirklich Schöne an ihr sind ihre glänzenden, kupferroten Locken, die offen über ihre breiten Schultern fließen.

to make fun of sb sich über jdn lustig machen
hideous abscheulich

Is Fiona **making fun of** me?, denke ich enttäuscht. Or did Maire get hugely fat since Fiona last saw her?
“Isn’t she beautiful?”, seufzt Fiona.
“Are you mad?”, zische ich wütend. “This girl is **hideous**!”
Doch Fiona hört mich nicht mehr. Sie stürmt vorwärts, direkt auf das rothaarige Urvieh zu ... an ihr vorbei und in die Arme eines anderen Mädchens, das bisher fast völlig von der Dicken verdeckt wurde.
Ich schnappe nach Luft.
Denn das Mädchen, dem Fiona gerade um den Hals fliegt, ist vielleicht der schönste Mensch, die ich je gesehen habe. Sie ist bestimmt einsachtzig groß und gertenschlank. Ihre unendlich langen, wohlgeformten

Beine stecken oben in einem Minirock und unten in hochhackigen Pumps und sehen aus wie die Beine eines Rehs, oder noch eher einer Antilope!
Fiona weist mit dem Kopf in meine Richtung und die beiden kommen auf mich zu, während ich immer noch dastehe wie zur Salzsäule erstarrt und es nicht fassen kann, dass ein einziges Mädchen so viel Schönheit auf sich vereinigen kann. Maire steht vor mir und sieht mich mit großen, smaragdgrünen Augen an, die unter langen, rötlich-braunen Wimpern hervorschauen. Sie hat volle Lippen und ... ja, ein paar winzige Sommersprossen, die sich lustig um ihre fein geschnittene Nase verteilen. Aber das Umwerfendste an ihr sind ihre Haare. Kastanienrot, lockig und glänzend fallen sie über ihre Schultern auf den Rücken.
Fasziniert starre ich sie an und denke: Okay, Luca, we've caught you now. You'll tell her everything: about all your hobbies, your favourite books and the posters in your bedroom. You'd even give this girl the number of your father's **credit card** – you'll definitely give her your mobile number, and those of every member of your family.

credit card
Kreditkarte

Doch dann beschleicht mich plötzlich ein ganz anderer Gedanke: What if Luca falls in love with *her*? How could he *not*?
Diese Erkenntnis droht mich in eine Krise zu stürzen. Ich muss mich am Riemen reißen: Come on, Jackie, relax! If Luca is indeed your secret poet, he's in love with *you* and nobody else. If that's the case, even this Irish princess is no danger for you. Wirklich beruhigen tut mich das allerdings nicht.

Da ich immer noch nichts sage, schenkt sie mir ein umwerfendes Lächeln. “Hello”, sagt sie mit einer leisen, aber klaren Stimme. “So you're Jacqueline. Nice to meet you.”
Sie gibt mir ihre Hand. Ich nehme sie und werfe dabei einen Blick auf ihre feingliedrigen, langen Finger mit den makellos gepflegten, dezent lackierten Nägeln.
What a **beauty**! Okay, Luca, she'll flirt with you. But she's only doing it for me. She must have a boyfriend in Ireland, and he must be very handsome. Maybe she even has two or three, who knows? And if she doesn't have one, I'm afraid that even a cool **dude** like you doesn't stand a chance with her.
“So this is him”, sagt Maire, nimmt Lucas Foto aus meiner Hand und betrachtet es eingehend.

beauty Schönheit
dude *ugs.* Dandy
during während

“The photo's quite recent. Fiona took it **during** our class trip last June, a few weeks before the holidays started”, erkläre ich und füge in Gedanken hinzu: I still hoped then that he would fall in love with me. It was only a few days later that he told me he couldn't.

Am Sonntagnachmittag sitzen wir zu dritt bei Tee und Schokokeksen in meinem Zimmer und beratschlagen unseren *Plan Luca*. Ich hocke auf meinem Schreibtischstuhl, den ich zu dem kleinen Tisch hergezogen habe, Dracula auf meinen Knien. Er hat mir inzwischen verziehen. Fiona und Maire sitzen mir gegenüber auf dem Sofa.
“He's really good-looking”, meint Maire nachdenklich und prompt beginnt es in meinem Magen unangenehm

zu kribbeln. Doch dann sieht sie mich an und meint arglos: “You two would suit each other very well, I think.” Augenblicklich lässt das Kribbeln wieder ein bisschen nach.
Fiona seufzt. “Yeah, I think so, too. But until a week ago I thought Luca had a different opinion.”
Maire nickt. “Maybe he really is your secret poet.”
Jetzt verstummt das Kribbeln völlig und ich ergreife das Wort: “Yes, I hope so. This is our plan. The day after tomorrow there’s an important table-tennis match in the evening. Some boys from Luca’s club are taking part, and he’s definitely going to watch. We even know the number of his seat.”
“Christoph found it out. Of course, we didn’t tell him why we wanted to know”, unterbricht mich Fiona mit stolzem Lächeln.
Maire zieht die Augenbrauen hoch.
Oh, I see!, denke ich. Fiona’s told you about Christoph already.
“We’ve bought tickets for all three of us too”, fahre ich fort. “Fiona and I will be sitting side by side. Your seat is right in front of Luca’s.”
Maire lächelt. “Great! So I’ll hit on him. Like this, perhaps?”
Mit gekonntem Schwung wirft sie ihre langen Haare in den Nacken und strahlt mich dabei so hinreißend an, dass das Kribbeln in meinen Gedärmen augenblicklich und ziemlich heftig zurückkommt.
Come on, Jackie, ermahne ich mich. She’s only doing it for you, remember?
Dracula, der bisher schnurrend auf meinen Knien gele-

gen hat, steht auf und macht einen Katzenbuckel. Dann springt er von meinem Schoß, schleicht schnurstracks zu Maire hinüber und streicht ihr zärtlich um die Beine.
Mir klappt fast die Kinnlade runter und auch Fiona wirft Dracula einen erstaunten Blick zu. Denn Dracula ist Fremden gegenüber normalerweise eher scheu und misstrauisch.
"What a friendly cat you are", meint Maire lächelnd und beugt sich zu ihm hinunter, um ihn zu streicheln.
Ich beobachte stumm die Szene und dann bleibt mir glatt die Luft weg, denn Dracula begibt sich mit einem eleganten Sprung neben Maire aufs Sofa und kuschelt sich schnurrend an ihren Oberschenkel. Dabei wirft er mir einen bedeutungsvollen Blick zu, ganz so, als wolle er sagen: "Maire is a very beautiful she-cat, isn't she?"
Das Kribbeln in meinen Gedärmen wird zu einem Toben, Kratzen und Beißen.
Unter Aufbietung meiner allerletzten Kräfte ringe ich mich zu einem freundlichen Lächeln durch. Ich stehe auf, nehme die fast leere Kanne und erkläre: "I'll go and make some fresh tea, okay?"
Zwei Schritte, dann bin ich endlich draußen. Die Tür fällt hinter mir zu und wie in einem ahnungsvollen Traum schleiche ich die Treppe hinunter in die Küche.

stadium Stadion
semi-final Halbfinale

"Wow, this is almost like in the football **stadium**!", ruft Fiona aus.
Ich muss ihr zustimmen. "Well, the **semi-finals** of the regional championships will take place here."

Meine Begeisterung hält sich allerdings in Grenzen, denn ich habe mich die halbe Nacht lang im Bett herumgewälzt und mir den Kopf darüber zerbrochen, ob es wirklich so eine gute Idee war, ausgerechnet Maire auf Luca anzusetzen. Als Dracula gegen halb drei an meinem geschlossenen Fenster kratzte und unbedingt hereinwollte, lag ich immer noch wach. Das Ergebnis meiner Überlegungen war allerdings immer dasselbe, sodass ich dann schließlich doch noch ein paar Stunden geschlafen habe. Und auch jetzt sagte ich mir das immer wieder: If it's really Luca who's sending me these love poems, Maire can flirt with him all she likes, she can even try and twist him round one of her elegant little fingers – he'll still love *me* and nobody else. But if he's not my secret poet, he's definitely not in love with me. And if that's the case, then whatever happens will have nothing to do with me.
Letzte Nacht hat Dracula meine Eifersucht wieder besänftigt, indem er sich liebevoll schnurrend an mich kuschelte, was mir sehr gutgetan hat. Ich habe mich dann auf den Bauch gedreht, den Arm um ihn gelegt und bin endlich eingeschlafen.
Trotzdem steht mein persönliches Stimmungsbarometer heute immer noch auf *Gewitter*, übrigens ganz im Gegensatz zu dem von Maire und Fiona. Die beiden strahlen regelrecht um die Wette.
Maire sagt: "Even if Luca doesn't come, I'm really happy to be here. Thank you so much for the invitation."
Dabei glänzen ihre großen, grünen Augen und fröhlich wirft sie ihre langen, roten Haare zurück.

Die beiden Typen, die gerade an uns vorbeidrängeln, kriegen Stielaugen.
Plötzlich verspüre ich den heftigen Wunsch, Maire an den Hals zu springen, sie zu würgen, an den Haaren zu packen und aus der Halle zu schleifen. Aber ich rufe mich zur Ordnung: Jackie! Relax and be **reasonable**! Remember: Maire is only doing it for you, and this is *really nice* of her! So **pull yourself together** and remember your **manners**!
"**You're welcome**", antworte ich und lächle betont freundlich.
"There are our seats", meint Fiona.
I must be **controlling myself** very well, registriere ich mit einer gewissen Erleichterung. Even my best friend doesn't seem to have noticed my bad **mood**.
Maire studiert ihre Eintrittskarte. "I'm sitting right ... there", stellt sie fest und zeigt auf einen freien Sitz, der drei Reihen vor unseren Plätzen liegt.
Luca's sitting there already, with two of his classmates, right behind Maire's seat, bemerke ich und mein gequältes Herz macht unwillkürlich einen Hüpfer. But it's okay. I can easily **observe** him from my seat. Ich stoße einen leisen Seufzer aus. Isn't he sweet, my Luca?
Doch ich kann ihn nicht lange anstarren. Fiona zupft mich am Ärmel, ergreift meine Hand und zieht mich zu unseren Plätzen.
Und da sitze ich nun und beobachte Maire, wie sie sich mit dem freundlichsten aller Lächeln auf ihren

reasonable vernünftig
to pull o.s. together sich zusammenreißen
manners Manieren
You're welcome. Gern geschehen.
to control o.s. sich beherrschen
mood Laune
to observe beobachten

schönen Lippen durch die Reihen drängelt und mit einer eleganten, fließenden Bewegung Platz nimmt. Wie sie freundlich ihre Nachbarn begrüßt und sich mit einem hinreißenden Schwung ihrer Haarpracht umdreht, um auch den Jungen hinter ihr "good evening" zu sagen.

Und Luca?

Luca unterbricht das angeregte Gespräch mit seinen Klassenkameraden und sieht sie an. Ich beuge mich vor, um besser sehen zu können.

He's not just looking, he's staring at her, and his face looks as if the sun **were rising** directly in front of him. **Any minute now** red hearts will appear on his **cheeks**, like in the cartoons, denke ich, während es in meinen Gedärmen wühlt und kneift und beißt. Oh Jackie, is *this* really what you wanted? Eigentlich will ich weggucken, ich muss mir das nicht ansehen, nein, wirklich nicht. Trotzdem bleibe ich sitzen, regungslos, als wäre ich auf meinem Stuhl festgenagelt. Luca's ears have turned bright red, stelle ich fest. He's started talking to her, and his classmates are giving each other **unmistakable** looks. Everything is going **extremely** well, in a way, like in a **film script**.

to rise (rose, risen)
hier: aufgehen
any minute now jeden Augenblick
cheek Wange
unmistakable unmissverständlich
extremely äußerst
film script Drehbuch

Aber am liebsten würde ich vor Wut die ganze Halle zusammenbrüllen.

"Looks like she's caught him already", raunt mir Fiona triumphierend zu. Sie hält mir eine Tüte Chips hin, die ich dankend ablehne.

Das Spiel wird angepfiffen und nimmt seinen Lauf. Aber

davon kriege ich nicht viel mit. I bet Luca doesn't either, because he's too busy chatting up Maire, denke ich. Meine Gedärme winden sich zu einem unauflösbaren Knoten und irgendwann muss ich tatsächlich weggucken, weil ich dieses Geturtel nicht mehr aushalten kann. Es ist eine Katastrophe und ich bin an allem selbst schuld.
In der Spielpause spazieren die beiden miteinander aus der Halle, einfach so, ohne dass Maire uns auch nur eines Blickes würdigt. Das gibt mir vollends den Rest. Fassungslos schaue ich den beiden hinterher.
"Luca probably didn't even notice I was here", sage ich frustriert zu Fiona.
"Don't take it so seriously", versucht Fiona, mich aufzumuntern. "This is exactly what Maire and I hoped would happen. This afternoon, Maire checked the bus **timetables** so she could get home without me. And I bet you she won't come back without his mobile number."

timetable
Fahrplan
to receive
erhalten

Great, denke ich säuerlich. So she planned it. Really great!
Vor meinem inneren Auge schlendern Maire und Luca Hand in Hand durch das nächtliche Köln. Ab und zu bleiben sie stehen, sehen sich an mit denselben Blicken wie vorhin während des Spiels, halten Händchen und ... nein! Nein, ich darf mir das nicht vorstellen, sonst kann ich mich gleich von der nächsten Brücke stürzen.
Da fällt mir noch etwas auf: My poet hasn't sent me any poems for ages! When did I **receive** his last text?

On Wednesday? That's almost a week ago! He must have forgotten me. And if it really was Luca, he forgot me tonight, if not before.

"Hey, **what's up?**", begrüßt mich Fiona am nächsten Morgen erstaunt. Immerhin: Es ist genau eine Minute vor acht und ich sitze schon in meiner Bank im Klassenzimmer.

What's up?
Was ist los?

Ehrlich gesagt: Ich hab schon gedacht, sie käme heute gar nicht mehr. Aber es war mir fast schon egal. Meine Laune ist im Keller und ich bin völlig übermüdet, denn ich habe nun schon die zweite Nacht in Folge kaum geschlafen. Dennoch antworte ich so freundlich wie möglich: "Morning. Where've you been?"
"Listen", meint sie in vorwurfsvollem Ton. "This morning, after breakfast, Maire told me what happened last night between her and Luca. I had to take the later bus to school. I'm telling you, I'd even risk being late for class to get *this* information!"
Mit einem Schlag bin ich hellwach. "And?"
Die Schulglocke klingelt, Fiona lässt sich auf ihren Platz neben mir sinken, wühlt in ihrem Rucksack und kramt ihre Deutschsachen hervor. Goethe kommt durch die Tür, wach und frisch wie der junge Herbstmorgen.
Während wir ihn begrüßen, schiebt mir Fiona unauffällig einen Zettel zu.
„I've no idea how Maire did it", flüstert sie.
Während Goethe Christoph auffordert, seine Hausaufgabe vorzulesen, und Fiona ihren blond gelockten

Engel mit verzücktem Gesichtsausdruck bei dieser überaus interessanten Tätigkeit beobachtet, inspiziere ich mit wild klopfendem Herzen den Zettel.
In ordentlicher, etwas verschnörkelter Schrift stehen mehrere Handynummern darauf. Neben jeder Nummer ist säuberlich vermerkt, zu wem sie gehört: *Luca. Lucas father,* ***private***. Darunter steht in Klammern: *His mother doesn't have a mobile.* Dann folgen nacheinander: *Lucas father, work. Lucas little sister. Lucas big brother.*

private privat

Die Nummer meines Dichterfürsten ist nicht dabei. Vor Enttäuschung wird mir ganz schwindelig. Ich lasse den Zettel sinken und brauche einen Moment, um in die Wirklichkeit zurückzufinden.
Als Christoph seinen Vortrag beendet hat, dreht sich Fiona nach mir um und legt mir tröstend die Hand auf die Schulter. "Oh, Jackie, I know. None of these numbers is the one we're looking for. I'm so sorry."
"Are they going to meet again?", frage ich tonlos.
Fiona wird ein bisschen rot. Sie schweigt kurz und vielsagend, dann räuspert sie sich leise und flüstert: "Yeah, they are. Er ... ahem ... tonight. They're going to go for a walk in the park or something. Maire told me that she'll try to make Luca write a poem for her, just to be on the safe side."
"Are you sure that's the only reason why she's meeting him again?", brumme ich.
"Er ... to be honest, no."
Na toll. Großartig. Das haben wir echt super hingekriegt. So blöd kann bloß ich sein, dass ich den Jungen, in den ich verliebt bin, mit einer andern verkupp-

le. Ich sollte mir das Gehirn amputieren lassen, ohne lebt sich's bestimmt leichter.
"Well, that's just great. Now what?", frage ich sarkastisch.

"Jacqueline! Fiona! Stop **chatting** at once!", schnauzt uns plötzlich Goethe in perfektem Englisch an. "You're like a pair of **cackling geese** this morning." Allgemeines Gelächter. Doch Goethe zeigt kein Erbarmen. "If you don't stop talking at once, I'll have to **separate** you."
Betreten senken wir die Köpfe und versprechen Besserung. Während Goethe den Unterricht fortsetzt, tobt in mir das Chaos.
Well, it's obvious, denke ich. Luca is not my poet. And if I ever had the **slightest** chance of winning his love, it's now **gone** forever. **Unbelievable**. The boy of my dreams – I've lost him. And all because of Maire, the bitch! Well, Jackie, **face** the truth: compared with this Irish beauty you're just a **wallflower**, a pale, ugly nothing. I wish Fiona had never told her about me. I wish I'd never met her. I wish her plane had crashed into the sea!
Jetzt kommen mir doch tatsächlich die Tränen. Schnell, damit niemand etwas merkt, beuge ich mich zu meiner Schultasche hinunter und suche darin nach Papiertaschentüchern. Unter meinem Pult versteckt schnäuze ich mich ausgiebig und trockne mir dabei unauffällig die Augen. Dann setze ich mich wieder gerade hin, lasse Goethes monotones Gelaber über

to chat quasseln
to cackle schnattern
goose (*pl.* geese) Gans
to separate trennen
slightest geringste
gone weg
unbelievable unglaublich
to face ins Gesicht sehen
wallflower Mauerblümchen

mich ergehen und tue so, als würde ich konzentriert Brechts *Schriften zum Theater* studieren. Ich muss unbedingt verhindern, dass Goethe meine verheulten Augen sieht. Aber auf den Unterricht konzentrieren kann ich mich trotzdem nicht, ich muss dauernd an Luca denken. Und an Maire.

Noch einmal muss ich mich bücken und kräftig schnäuzen. Dann blättere ich eine Seite im Buch um, weil die anderen das auch gerade machen.

Und dabei kommt mir ein anderer Gedanke, den ich in meinem Selbstmitleid fast vergessen habe: If my mysterious poet is not Arndt, Christoph, Holger or Luca – who the hell is he?!

Die einzige Idee, die mir dazu noch einfällt, ist: It must be the *unknown madman*!

In der großen Pause packt mich Fiona plötzlich an der Schulter und zieht mich näher zu sich hin.

"Listen, Jackie! I know who your poet is", wispert sie so leise, dass ich sie kaum verstehen kann.

"Really?!", frage ich erstaunt zurück. "Who?"

"Him", sagt sie bedeutungsvoll.

Ich verstehe überhaupt nichts.

"Who?", frage ich viel zu laut, sodass sofort ein paar Jungen zu uns herüberschauen. Zu allem Unglück ist auch dieser blöde Marcel dabei.

Schnell gehen wir ein paar Schritte weiter, dann wiederholt Fiona: "Well, him of course." Dabei weist sie mit ihrem Kopf in Richtung Goethe, der heute den Rauchmelder spielen muss und gerade hungrig in sein Brötchen beißt.

impossible unmöglich
to sack feuern
to assume annehmen
to pass an exam eine Prüfung bestehen

But that's **impossible**!, denke ich und zische Fiona an: "Are you mad?"
"Not at all!", versichert sie. "Think about it, seriously! First: if anybody knows how to use words, it's him. I bet he can write a poem just like that. Second: suppose he is in love with you. He's not allowed to chat you up. If he did, he'd be **sacked** immediately. He'd never ever get another job as a teacher."
Überrascht schaue ich sie an, dann murmele ich: "You may be right."
"Of course I am", bestätigt sie. "So let's **assume** he loves you. He's suffering, he's tortured, he's burning to ..."
"Oh, please stop it!", unterbreche ich sie erschrocken.
Gehorsam hält Fiona inne und holt tief Luft, aber es hält nicht lange an.
"That's why he writes these beautiful love poems for you. And you know what? In a year or two, as soon as he**'s passed** his **exams**, when he's a real teacher at another school, he'll appear at your door with a bunch of flowers in his hands and ask you to marry him."
"Heavens!", flüstere ich erschrocken. "How old will I be then? Fourteen or fifteen. I won't get married before I'm at least seventeen. No way!"
"You're right", stellt Fiona zerknirscht fest. "So you'll have to tell him to wait. But of course he'll ask you to be his girlfriend."
Ich beobachte Goethe, der gerade den Rest seines Brötchens in den Mund schiebt und sich die Finger an

der Hose abwischt. Dann zieht er kauend sein Handy aus der Tasche, tippt auf den Tasten herum ...
... und aus meiner Hosentasche tönt: *God Save The Queen!* Ich bin völlig perplex und sprachlos.
"That's unbelievable!", schreit Fiona.
Mit zitternden Fingern hole ich das Telefon heraus, rufe die SMS ab und lese:

```
Geliebte Königin des Sommers!
Tagelang hab ich geschwiegen,
dennoch nur von dir geträumt.
Könnte ich doch zu dir fliegen!
Ach, was habe ich versäumt,
nur weil du nicht bei mir bist.
Ach, wie hab ich dich vermisst!
Ich möchte deine Hände küssen,
deine Wangen, deinen Mund,
möchte, das tu ich dir kund,
dich auf meinen Händen tragen.
Ach Liebste, könnt ich es doch
wagen,
mein Gefühl dir zu gestehn!
Glücklich würdest du mich sehn.
Ew'ge Liebe würd ich schwören,
würdest du mich nur erhören.
Doch steht noch etwas zwischen uns.
Zu erwerben deine Gunst ist unmög-
lich heut für mich. Dennoch denk
ich stets an dich. Dein dich ewig
liebender Prinz des Herbstes.
```

Mir wird schwindlig. Ich schalte das Handy aus, rutsche langsam an der Schulhofmauer nach unten, bis ich auf dem kalten Asphaltboden sitze, und starre vor mich hin, zu keinem klaren Gedanken mehr fähig.
"It's ... it's him! It's really ... him", stammelt Fiona.
Goethe hat zum Glück nichts von unserem Schrecken bemerkt, weil er nämlich gerade einen Apfel ausgepackt hat und jetzt kräftig hineinbeißt.
Fiona beobachtet unseren Referendar, wie er seinen Apfel kaut, und man sieht ihr an, dass ihr Gehirn auf Hochtouren arbeitet.

certain sicher

Dann erklärt sie, zum Glück wieder mit deutlich festerer Stimme: "One thing is **certain**: we need to find out Goethe's mobile number!"
Frustriert vergrabe ich mein Gesicht in den Händen und stöhne: "And how the hell do you think we can get it?"

"You won't believe what happened. We were watching Goethe in the playground. He took his mobile out of his pocket, started texting ..."
Am Nachmittag sitze ich neben Dracula auf meinem Sofa und erzähle ihm aufgeregt, was heute Morgen in der Schule passiert ist.
"... and the second he had finished, my mobile played *God Save The Queen*! Guess what? It was a new love poem! What do you think of that?"
Dracula hat seinen schwarzen Kopf auf die Vorderbeine gelegt und hört mir mit gespitzten Ohren zu.
"Fiona and I are meeting tomorrow afternoon to discuss how we can check Goethe's mobile number", fahre ich fort. "We've already looked it up in the phone

book, but we couldn't find it. Unfortunately, directory enquiries doesn't have it either."
Dracula steht auf, streckt sich und rollt sich dann auf meinem Schoß zusammen.
Während ich ihn am Kopf kraule, rede ich weiter: "I mean ... suppose this guy's hopelessly in love with me. But there's no way he can tell me because he's my teacher – and, by the way, he's a lot older than me. A **relationship** between a **grown-up** and a thirteen-year-old is absolutely **forbidden**, you know? So if he hit on me and someone found out, he'd be in big trouble."
Ich lehne mich zurück und starre nachdenklich an die Wand.
"It would be interesting for me, though, to have a teacher fall in love with me and write me poems", meine ich irgendwann. "Goethe's not half as gorgeous as Luca, but he's still good-looking. He's probably a little too old for me, but he's much better than an *unknown madman*."

relationship Beziehung
grown-up Erwachsene(r)
forbidden verboten
mating ritual Liebesspiel

Dracula öffnet ein Auge halb, schlägt einmal mit dem Schwanz und gähnt herzhaft, wobei er mir seine spitzen Vampirzähne zeigt. Dabei sieht er ganz so aus, als wolle er mir etwas sagen. Ich weiß schon:
"You mean, love between an old tomcat and a young she-cat is forbidden in the human world? I tell you, there's nothing more beautiful for a tomcat than to teach a young she-cat about life: how to climb trees, how to tease dogs, how to catch mice, **mating rituals** ... You humans are very strange animals!"

HEINRICH
Die wichtigste aller Aktentaschen

"Jackie, you'll never believe what happened to me half an hour ago!", posaunt mir Fiona entgegen. Aufgeregt und mit geröteten Wangen steht sie am Donnerstagmittag vor unserer Haustür. Ich wollte mich gerade zwecks Erledigung meiner Hausaufgaben an meinen Schreibtisch setzen.

car park Parkplatz
to sneak schleichen

"Something to do with Goethe?", frage ich und denke: If she's come here now when we wanted to meet this afternoon anyway, she must have an important reason.

"Yes, it has something to do with Goethe", erklärt sie. Mit triumphierendem Gesichtsausdruck hält sie mir eine Aktentasche vor die Nase. "This is his briefcase."

Ich starre sie an wie einen Alien. "Goethe's briefcase? That's impossible! How did you get it?"

Fiona kichert amüsiert. "Goethe left it in the teachers' **car park**. Yeah, he really did. He put it on the roof of his car, then he opened the door, climbed in, and when he drove away the briefcase fell off."

"How did you find it?"

"I was watching him from the side entrance of the school. I wanted to see whether he would send another text before he left. All I had to do was **sneak** into the car park and grab the briefcase. It was easy, because nobody else was there."

"You're really clever", stelle ich mit ehrlicher Bewunderung fest. "What shall we do with it now?"
"You should ask me first what I've already done with it", sagt sie verschwörerisch. "I hid in the bushes, rummaged through it and examined it from the first piece of paper to the last pencil."
"Oh no!" Das geht nun wirklich zu weit, finde ich. "Things like that are absolutely forbidden! You really shouldn't have done it!"
"Yes, I know." Ein wenig schuldbewusst sieht sie mich an. "I hoped I'd find a love poem, or his mobile phone, or at least the number. Anything that would give us some **proof**." Sie zuckt die Achseln. "But there's nothing like that in it. I didn't even find anything about you in Goethe's **notebook**."
Das haut mich jetzt vollends um.
"You even read his notebook?"
Sie nickt.
"From the first page to the last?"
Sie nickt und senkt den Kopf. Kein Zweifel. Ein warmes Gefühl breitet sich in mir aus. Fiona will do almost anything to help me, denke ich. She'll even risk being punished. Gerührt nehme ich sie in den Arm.
"Thank you. Thank you so much. Fiona, you're the very best friend I ever had." Aber ich mache mir auch Sorgen. "Did you **mess up** the things in Goethe's briefcase?"
"No, of course not", verneint sie. "Do you think I'm stupid? I took them out carefully, paper by paper and book by book. I checked them and put them back

proof Beweis
notebook Notizbuch
to mess up durcheinander bringen

exactly where they were before. That's all. Goethe won't notice anything, I promise!"
"Okay, and what shall we do with the briefcase now?", wiederhole ich meine Frage von vorhin.
Draußen auf dem Gehweg geht gerade ein Mann am Haus vorbei. Obwohl wir den Typen noch nie gesehen haben, beugt sich meine allerbeste Freundin näher zu mir und flüstert verschwörerisch: "One thing I did find in it was Goethe's address. He lives at Hammelstraße 45. I've already looked it up on the map. His flat is in the **student quarter**, near the **public** swimming pool. I suggest we get on our bikes now and bring him back his VIB."
"His what?", frage ich zurück.
"Very Important Briefcase. He's probably already looking for it – I'm sure he'll be very glad to get it back. Maybe he'll even invite us in for a cup of coffee. That would give us a chance to look for his mobile number or one of his poems, or something else that will give us some proof."
"You want to **search** his flat?" Ich bin entsetzt.
Nachdenklich wiegt sie den Kopf, dann meint sie: "Not really. I'd say we should just see what happens. Come on, let's go and check him out!"

student quarter Studentenviertel
public öffentlich
to search (durch)suchen

Die Hammelstraße ist eine schmale Seitengasse gleich hinter dem Schwimmbad. Haus Nummer 45 ist eine mindestens hundert Jahre alte Villa, von der die Farbe abblättert. Hinter dem rostigen Gitterzaun, an den wir unsere Fahrräder anschließen, wuchern alle möglichen Pflanzen in einem verwilderten kleinen Garten.

“I thought Goethe would live in a better area”, stelle ich flüsternd fest, während ich mein Fahrrad abschließe. “His clothes are so **stylish** ... Well, at school at least.”
“Right”, bejaht Fiona und hebt die wichtigste aller Aktentaschen von ihrem Fahrradständer.
Ich gehe zur Tür und nehme die Klingelknöpfe in Augenschein. “There are a lot of people living here”, stelle ich fest und versuche, die teils von Hand überklebten Schilder zu entziffern.
“There are probably a lot of small flats in there”, überlegt Fiona, die neben mich getreten ist. Leise liest sie vor: “Huber, Kannengießer, Schmitz, Radler, Alfredi ... there’s definitely no Heinrich Unterholzner living here.”
“Maybe there is”, widerspreche ich. “Look here.”
Ich zeige auf den obersten Klingelknopf. Dort steht in großen, leicht verblassten Buchstaben: *STUDI-WG.*
“You think so?” Fiona ist skeptisch. “Our stylish, **fussy** teacher living in a student **flatshare** ...? Well, in any case, this is the address in his notebook. I hope it’s not an old one!”

stylish modisch
fussy pedantisch
flatshare Wohngemeinschaft

Mutig drückt sie auf den obersten Klingelknopf.
“Ja, hallo?”, meldet sich eine raue, tiefe Stimme aus dem Lautsprecher.
Betreten schauen wir uns an. Eindeutig nicht Goethe!
“Hallo?”, wiederholt die Stimme.
“Hallo ... also, wir möchten zu Goe... äh ... zu Herrn Unterholzner”, stottert Fiona herum. “Wir sind zwei seiner Schülerinnen und wollen ihm ... äh ... etwas bringen, das er in der Schule vergessen hat.”
“Zu Heiner? Ja, ist gut”, brummt es am anderen Ende.

"Er ist gerade nicht da, wird aber jeden Moment eintrudeln. Ihr könnt auf ihn warten. Kommt rein und dann immer fleißig die Treppen hoch."
Es surrt, ich drücke gegen den Knauf und die Tür geht auf. Wir treten in einen großen und ziemlich dunklen Flur. Ich taste an der Wand nach dem Lichtschalter, drücke darauf und wirklich beginnt an der hohen Decke über mir eine Funzel zuerst zuckend und dann schwach, aber beständig zu leuchten. Im Lichtschein erkenne ich im hinteren Teil des Korridors eine breite, hölzerne Treppe, die in endlosen Windungen nach oben führt.
Fiona stößt einen mutlosen Seufzer aus. "What did the voice tell us? Keep climbing the stairs!"
Wir beginnen mit dem Aufstieg. Anfangs zähle ich noch die knarrenden Stufen, aber nach der fünfundsiebzigsten gebe ich's auf und konzentriere mich nur noch darauf, genügend Luft zu kriegen.
Als wir endlich oben angekommen sind, keuchen wir ganz schön. Dabei sind wir gut trainierte Schwimmerinnen!
"I wonder how Goethe does it every day", überlege ich. "At least he doesn't need to do any sport apart from this."
"**Whoever** lives here must be very fit indeed", meint auch Fiona, nachdem sie ein paar Mal tief Luft geholt hat. "But how on earth do you get a **crate** of lemonade up here?"
Ich zucke nur die Achseln und sehe ich mich neugierig um. "There's only one door and it's **ajar**", stelle ich fest. "But there's nobody there."

whoever wer auch immer
crate Kiste
ajar angelehnt

"Somehow this door seems to me like the entrance to a bear's **den**", sagt Fiona und grinst.

Ich muss an die dunkle Stimme denken, die uns eben durch den Lautsprecher begrüßt hat, und nicke stumm. Dann rufe ich schüchtern in die Dunkelheit: "Hallo!?"

"Kommt rein!", ruft jemand von ganz weit hinten. "Immer geradeaus durch den Flur, letzte Tür links."

Ich werfe Fiona einen fragenden Blick zu, sie nickt, und mit einem mutigen Schritt wage ich mich in die 'Bärenhöhle' hinein. Fiona schleicht hinter mir her.

Im Flur brennt keine Lampe und alle Türen rechts und links sind zu. Nur durch einen Türspalt am Ende des Flurs dringt ein wenig Licht. Auf dem Weg durch den endlos langen Flur komme ich mir vor wie ein außerirdischer Eindringling in eine fremde Parallelwelt. Ganz hinten angekommen, klopfe ich schüchtern an die angelehnte Tür.

"Herein!", knurrt es von drinnen.

> **den** Höhle
> **grizzly bear** Grizzlybär

Ich schiebe die Tür auf und werfe einen vorsichtigen Blick in den Raum dahinter, offenbar die Küche. Vor uns am Küchentisch sitzt ein Schrank von einem Kerl: sehr groß, sehr breitschultrig, ein bisschen dick und uralt, mindestens vierzig. Er hat eine schulterlange, schwarz-graue Wuschelmähne und einen fast völlig ergrauten Bart.

He really does look like a bear, denke ich. Like a **grizzly bear**.

Der 'Bär' sieht aus wie mein Großvater auf einem uralten Foto. Er trägt verwaschene Jeans, ein T-Shirt, dicke Wollsocken und Jesuslatschen und er hält ein

Buch in der Hand, dessen Titel ich nicht lesen kann, weil er in einer völlig fremden Sprache geschrieben ist.
“Nun kommt schon rein”, knurrt er.
Eek, denke ich erschrocken. I’m still standing in the kitchen door and I guess I’m staring as if I’ve just seen a ghost. Fiona steht dicht hinter mir und sieht vermutlich auch nicht besser aus als ich. Ultrapeinlich!
Ich mache einen entschlossenen Schritt in die Küche hinein, dicht gefolgt von Fiona, die Goethes Aktentasche steif und mit beiden Händen vor sich hält.
You’re holding the briefcase as if it were a **shield** and the guy in front of us **were about to** start throwing **spears** at us, fährt es mir durch den Kopf.

shield Schutzschild
to be about to do sth im Begriff sein, etw zu tun
spear Speer

“Guten Tag”, bringe ich heraus. “Können Sie Goe... äh, würden Sie Herrn Unterholzner bitte diese Tasche geben?”
Vorsichtig stellt Fiona das gute Stück auf den Tisch.
“Kein Problem”, brummt der Grizzly. “Ihr könnt aber auch hier auf ihn warten. Er müsste, wie gesagt, gleich kommen. Ich hätte sogar einen Kaffee für euch. Hab mir nämlich grad selbst welchen gekocht.”
Ich werfe Fiona einen fragenden Blick zu, und als die langsam nickt, erkläre ich: “Äh ... ja, gerne.”
Come on, Jackie, be brave!, rede ich mir innerlich zu. If you stay here and talk to this guy, you may have a chance of finding out Goethe’s mobile number!
“Vielen Dank.” Auch Fiona scheint ihre Sprache wieder zu finden.
Nebeneinander sinken wir auf zwei Stühle am Küchentisch.

Der Bär wuchtet sich hoch, holt drei Kaffeebecher und eine Zuckerdose aus dem Schrank und stellt sie auf den Tisch. Dann tappt er zum Kühlschrank, nimmt einen Tetrapack H-Milch heraus, stellt ihn uns ebenfalls hin und gießt Kaffee in die Becher.
Fiona nippt vorsichtig daran.
"**Wow**, this coffee's so strong the spoon could stand upright in it", meint sie überrascht. Sie ist von der schwarzen Brühe so beeindruckt, dass sie glatt Englisch spricht, ohne es zu merken.
Der Bär grinst in seinen Bart und mit seinen blitzenden grauen Augen und den vielen Lachfältchen drum herum sieht er plötzlich sogar richtig sympathisch aus. "We need this stuff at the **university**, you know", antwortet er in lupenreinem Englisch. "It helps us to survive."
This guy at university? Never!, denke ich. He can't be a student, he's much too old. He could easily be my father!
"You're from Ireland, aren't you?", fragt der ewig studierende Grizzly meine Freundin.

Wow! Mann!
university Universität
Swedish Schwedisch
Viking Wikinger

Die sieht ihn erstaunt an. "My mother is. She was born near Cork. But how do you know?"
Er zuckt nur die Achseln. "Your accent."
Nun scheint Fiona ihre untypische Schüchternheit endgültig abzuschütteln. Sie zeigt auf das Buch mit dem unverständlichen Titel und fragt: "What language is this?"
"**Swedish**", brummt der Bär.
"Are you Swedish?", will ich wissen, denke aber: He could be a **Viking**.

Er lächelt. "No, no, I'm German. I teach Swedish. I'm a professor at the **Scandinavian Institute** of the University of Bonn."
"You're a real professor?", entfährt es Fiona und man sieht ihr an, wie schwer es ihr fällt, das zu glauben.
"Yes", meint er nur.
Schnell senke ich den Kopf, damit er mir meine Überraschung nicht ansieht. This odd guy a professor?, frage ich mich. I've always thought these university people were elegant and stylish, with a **tie**, a **suit and so on**. This man a professor, **lecturing** in front of students... ? I'd never have believed it. And I'd never have imagined a professor living in such a **shabby** flat. On the other hand, Goethe does too, obviously, and he's a teacher, after all. Well, nearly ... But I don't need to worry about that now. The only thing I need to know is Goethe's mobile number.
"Why isn't Mr Unterholzner back yet?", frage ich mit möglichst unschuldigem Gesichtsausdruck. "Maybe he's still at school, looking for the briefcase we've just brought him. We should **give** him **a call**. He's got a mobile, hasn't he?"
"No idea", bemerkt der Bärenprofessor und gießt sich Kaffee nach. "If he does have one, I haven't got his number. I hate mobiles."
Shit!, fluche ich innerlich.
Da hören wir, wie die Wohnungstür aufgeht und wieder geschlossen wird. Dann Schritte auf dem Flur, die rasch näher kommen.

Scandinavian skandinavisch
institute Institut
tie Krawatte
suit Anzug
and so on und so weiter
to lecture eine Vorlesung halten
shabby schäbig
to give sb a call jdn anrufen

"I guess that's him", brummt der Grizzly.
Doch es ist nicht unser werter Herr Referendar, der im nächsten Moment zur Tür hereinschaut, sondern eine junge, schlanke, hübsche Frau, ungefähr Mitte zwanzig, mit kurzen, braunen Haaren.
"Tag", begrüßt sie den Professor knapp und fragt dann: "Weißt du zufällig, wo Heiner ist?"
"Vielleicht in der Schule", meint der. "Die beiden jungen Damen hier warten auch auf ihn." Er weist mit seinem bärtigen Kinn in unsere Richtung. "May I introduce ..."
"Hello." Die Frau schaltet sofort auf Englisch um und gibt uns freundlich die Hand. "I'm Chris Vilnius, Heiner's **fiancée**."

fiancée Verlobte
engaged verlobt
unfaithful untreu
bastard Scheißkerl

Oh my God! He's **engaged**, fährt es mir durch den Kopf. And he's sending love poems to me. I can't believe it! Alarmiert schaue ich Fiona an, die genauso entsetzt dreinblickt wie ich.
Zum Glück bemerken die beiden anderen unseren Schrecken nicht, denn gerade klingelt irgendwo in der Wohnung ein Telefon.
"I think that's my phone", bemerkt der Bär, wuchtet sich hoch und tappt aus der Küche.
Meine Gedanken überschlagen sich: Ha, Goethe! You're not even married and you're already being **unfaithful**. You'd like to be, I mean – and you want to be unfaithful with *me*. Unbelievable! What a **bastard** you are! Wait and see, Goethe, I'll show you! But first I need your mobile number as proof.
Ich starte einen neuen Versuch. "Maybe Mr Unterholzner isn't coming because he's still at school looking for

his briefcase. We found it and brought it here, you see", wiederhole ich in betont nachdenklichem Ton.
Fiona scheint sich ebenfalls von ihrem Schrecken erholt zu haben. Und natürlich kapiert sie sofort, worauf ich hinauswill. Sie nickt heftig, hält Goethes Freundin die Aktentasche vor die Nase und erklärt: "I found it **by chance** in the teachers' car park. He must have lost it."

by chance zufällig

"You were very kind to bring it here. Thank you very much", meint Frau Vilnius lächelnd, nimmt die Aktentasche und stellt sie auf den frei gewordenen Stuhl des Professors.
"We should phone Mr Unterholzner on his mobile", schlage ich mit unschuldigem Gesichtsausdruck vor. "I'm sure he's searching for it. He's probably really worried ..."
"That's a good idea", meint die Goethe-Freundin. Sie zieht ihr eigenes Handy aus der Hosentasche und ...
Platsch!
Goethes Aktentasche ist vom Stuhl gekippt und ihr Inhalt ergießt sich auf den Küchenboden: jede Menge Bücher und Hefte, Stifte, Mappen, eine Packung Papiertaschentücher und dazwischen ... eine Armbanduhr. Eine lila Teenager-Armbanduhr mit einer lachenden Mickymaus auf dem großen, runden Zifferblatt. Das ist eindeutig die Armbanduhr meiner allerbesten Freundin.
Der Schreck fährt mir in alle Glieder. Ich werfe einen entsetzten Blick auf Fionas linkes Handgelenk. Tatsächlich, dort fehlt die Uhr! Ein heller Streifen und ein runder Kreis zwischen den Resten sommerlicher Bräu-

ne beweisen eindeutig und unzweifelhaft, dass Fiona den ganzen Sommer über genau *diese* Uhr getragen haben muss.
Oh no, this is a disaster!, denke ich verzweifelt.
Fionas entspanntem Gesicht nach zu schließen scheint sie das Unglück noch gar nicht bemerkt zu haben. Noch ...
Denn Frau Vilnius hat die Uhr gesehen. Garantiert. Warum sonst geht sie mit schnellen Schritten zu der umgekippten Tasche? Sie hebt die Uhr mit spitzen Fingern auf und hält sie uns vor die Nase.
Jetzt hat es auch Fiona kapiert. Sie wird leichenblass, und zwar derart plötzlich, dass man das Blut geradezu aus ihrem Gesicht sacken sieht. Dann wirft sie einen entsetzten Blick auf ihr linkes Handgelenk.
“You searched Heiner's briefcase”, sagt Frau Vilnius in eisigem Ton.
God help us!, denke ich verzweifelt. Stay cool, Fiona! You just have to tell her in an **innocent** voice that *of course* you had to look in the brief-case because you had to know whose it was. Miss Vilnius will understand and everything will be all right.

innocent
unschuldig

Aber meine arme Freundin steht viel zu sehr unter Schock, um auf so eine Idee zu kommen, auch wenn die eigentlich ziemlich nahe liegt. Sie starrt Goethes Freundin mit riesengroßen Augen an, dann stützt sie ihr Gesicht in die Hände und beginnt leise zu schluchzen.
Die Augen von Frau Vilnius schießen regelrecht Blitze. Trotzdem steht sie langsam auf, räumt den Kram auf dem Boden in die Aktentasche zurück und lehnt sie

vorsichtig an den Küchenschrank. Dann setzt sie sich auf einen Stuhl uns gegenüber. Dabei lässt sie die immer noch heulende Fiona keinen Moment lang aus den Augen.

"Did you find anything interesting in it?", fragt sie in gefährlich leisem Ton.

This can't go on, denke ich entschlossen. Fiona has always helped me without ever thinking of herself. She's **sacrificed** a lot of time, she's risked everything, she's even **covered** herself **with** jam and stabbed herself with a pin. Now I have to **defend** her **however** I can. I have to tell the truth, even though it'll make trouble for both of us, and for Goethe, and also for his fiancée. But there's no alternative.

to sacrifice opfern
to cover o.s. with sth sich mit etw beschmieren
to defend verteidigen
however *hier:* in jeder Weise

"Please, Miss Vilnius. It's all my fault", sage ich leise, aber mit so fester Stimme, dass ich selbst darüber staune.

"Is it?" Ihr Ton ist eiskalt. Nun bin ich es, die sie mit ihrem stählernen Blick fixiert, und mir läuft ein Schauer über den Rücken.

"Well, er ...", beginne ich, doch ich muss noch einmal Luft holen. "For the last two weeks, someone has been sending me love poems by text, and I don't know whose number it is. The whole thing is really frightening me. We've already checked out several boys who might have been my poet, but none of them turned out to be him."

Mit tränenverhangenen Augen schaut Fiona auf. Dann räuspert sie sich. "Yesterday, during break, Jackie re-

ceived another poem. We happened to see Mr Unterholzner texting just before. He finished at exactly the moment when Jackie's phone rang. So we thought that maybe ..."

Nun wird Frau Vilnius blass.

"I **saved** the number." Ich stehe auf und ziehe mein Handy aus der Hosentasche, rufe die Nummer ab und halte sie ihr vor die Nase.

Hastig nimmt mir Goethes Freundin das Telefon ab, wirft einen Blick darauf ... und über ihr Gesicht zieht sich ein erleichtertes Lächeln.

"That's not Heiner's number, definitely", meint sie und gibt mir das Handy zurück.

to save
hier: speichern

"It's not?", entfährt es Fiona. Wir sind beide völlig überrascht.

Aber ... Meine Gedanken beginnen mal wieder fieberhaft zu kreisen: So it wasn't Goethe who wrote all these poems for me. Or at least he didn't send them from his own mobile. Or is it possible that he sent a text message to somebody else, and my own mobile rang at exactly the same time? Unlikely ...

"Heiner sent me a text message just before ten o'clock yesterday morning", meint seine Freundin gerade. "Wait a minute."

Sie holt ihr eigenes Handy aus der Tasche, ruft die alte Nachricht ab und zeigt uns das Display.

"Hallo", steht da. "Komme heute später. Muss mit meinem Golf zur Werkstatt. Bremsen nicht o.k. Dicker Kuss! Heiner."

Halb erleichtert, halb enttäuscht lasse ich mich auf meinen Stuhl zurücksinken.

"Okay, so it wasn't him, though we were almost sure it was. But at least you know now why Fiona searched Mr Unterholzner's briefcase", meine ich nach einer Weile.
Und Fiona fragt mit zittriger Stimme: "Are you still angry with me?"
Eine Weile sieht uns Frau Vilnius schweigend an.
"No, I'm not", meint sie dann, und diese wenigen, kurzen Worte zaubern ein erleichtertes Lächeln auf Fionas blasses Gesicht. "I think I can understand you now. It must be frightening to receive love poems from someone you don't know. It's a difficult situation, isn't it? Have you already checked the number with directory enquiries?"
Wir nicken beinahe gleichzeitig.
Sie seufzt. "Of course you have. You know ... I think if I were your age and in your situation, I'd do absolutely *anything* to find out who was sending these poems. I'd even rummage through my teacher's briefcase." Sie zwinkert Fiona zu. "I hope you didn't find any clues about your next written test."
"No, of course not – I didn't even look for anything like that. I promise!", ruft Fiona.
Goethes Freundin lächelt jetzt wieder warm und freundlich. "Well, I'll have to believe you, I suppose."

I'm embarrassed. Es ist mir peinlich.

Fiona räuspert sich. "Er ... I'd appreciate it if you didn't tell Mr Unterholzner about all this. **I'm** very **embarrassed**."
Goethes Freundin grinst. "Yeah, I expect you are. And it's probably better for him too if I don't say anything.

I guess if Heiner knew about these mysterious poems, he'd **suspect** every boy at school who took his mobile out of his pocket of being your secret poet ... No, that wouldn't be good at all."
"Thank you very much!", ruft Fiona. Sie sieht aus, als würde sie Frau Vilnius vor lauter Erleichterung am liebsten um den Hals fallen.
"Okay", meint die und steht auf. "I'll phone Heiner now. And it would probably be better if you two went home, wouldn't it?" Verschwörerisch zieht sie die Augenbrauen hoch.
"Yes, you're right", meint Fiona, nimmt sich schnell ihre Uhr und schnallt sie sich ums Handgelenk.

to suspect
verdächtigen
to make a fuss
einen Aufstand machen

Wir stehen auf, verabschieden uns und gehen durch den Flur zurück zur Wohnungstür. Dann laufen wir die vielen Stufen zum Ausgang hinunter und hoffen, das Goethe uns nicht auf der Treppe entgegenkommt.
Draußen vor der Haustüre bleiben wir kurz stehen und atmen ein paar Mal tief durch. Fiona, die immer noch ganz blass im Gesicht ist, konstatiert dennoch im Brustton der Überzeugung: "Goethe's fiancée is a very nice woman, isn't she?"
Das finde ich auch. "Yes. Lots of other people would **have made a** huge **fuss** about what we did."
"I hope he knows what a great fiancée he has, and I hope he marries her soon", stellt Fiona fest. Dann runzelt sie nachdenklich die Stirn. "But if Goethe isn't our poet either, who is it, then?"
Ich hebe verzweifelt die Hände vors Gesicht. "I've absolutely no idea. I guess we'll have to think again."

Fiona geht zu ihrem Fahrrad und schließt es auf. Dann sieht sie mich ernst an und sagt: "You know, **I've had enough of** the whole thing. We've been hunting this guy for almost two weeks now, with no success at all. In fact, we've hardly thought of anything else. Do you realize that we have to take our **lifesaving exam** on Monday? I bet you'd forgotten!"
Ich kriege tatsächlich einen Schreck.
"You're right, I had. Oh God! I'll have to work for it all weekend. I won't stand a chance if I don't!"
"Listen, Jackie", meint Fiona. "If we don't come up with any more ideas about your **so-called** autumn prince, we'd better tell the police. Okay?"
"Okay", erkläre ich kleinlaut. "Let's do that."

to have enough of sth es satt haben
lifesaving exam Rettungsschwimmerprüfung
so-called sogenannt
coincidence Zufall
however you look at it wie man es auch betrachtet

"... and then Miss Vilnius told us that it had been *her* Goethe sent his text message to yesterday morning. She even showed us the text. What a **coincidence**! So **however you look at it**, Goethe can't be my poet. But who is it, then? Honestly, Fiona and I don't know what to do any more."
Ich sitze auf meinem Sofa, immer noch ziemlich aufgeregt, und erzähle Dracula alles, was wir heute erlebt haben. Aufmerksam, mit gespitzten Ohren, sitzt der Kater auf seinen Hinterbeinen und wippt gespannt mit seiner Schwanzspitze hin und her.
"There's a rather strange guy living in the student flatshare with Goethe. He was nice, though; tall and a lit-

tle fat, with long, grey hair and a grey beard. He looked a bit like a bear. And he's a real professor! I could hardly believe it! And he said he hates mobile phones. Have you ever heard anything like it in all your nine lives? He said he doesn't even have one. That's unbelievable, isn't it? On the other hand I'm glad he doesn't. Imagine if *he* were my secret poet! What would I do then?"

Doch meine innere Stimme fügt leise, sehr leise hinzu: *He* can't be your mysterious poet, but someone like him could be. Some strange old man with long grey hair, maybe a little crazy …

prepared bereit
in order to do sth um etw zu tun
to crawl kriechen
daredevil Draufgänger(in)
to court sb jdm den Hof machen

Und diese Idee gefällt mir überhaupt nicht.

Dracula lässt mich keinen Moment aus den Augen. Er sieht so aus, als wolle er mir sagen: "Dear Jackie, I don't know what you've got against this bear-professor. I would never trust a smart, elegant tomcat, because he'd never be **prepared** to fight, not even **in order to** win a beautiful she-cat. Cats like that think they're too good for such things! And of course they would never **crawl** into a hole to catch a fat mouse or a nice, big rat for their loved one, just because they don't want to get dirty. How arrogant! No, I prefer tomcats with scars and scratches. The ones who are missing an eye or an ear are real **daredevils**, and of course they always **court** the most beautiful she-cats! Does this bear-professor perhaps have a scar on his face? Or is he missing an ear?"

Der große Unbekannte – GERETTET!

Es ist Freitagmorgen und erst kurz vor halb acht, aber ich bin schon auf dem Weg zur Schule. Wie immer gehe ich durch den Park am Flüsschen entlang. Um diese Uhrzeit ist es hier fast menschenleer. Ich bin ja auch deutlich früher unterwegs als sonst, denn ich konnte mal wieder nicht schlafen.

cry-baby Heulsuse
to drive sb mad jdn zum Wahnsinn treiben
no matter what it costs koste es, was es wolle
harmless harmlos

Meine Stimmung ist ziemlich auf dem Nullpunkt. Denn leider ist mir zu meinem unbekannten Dichterfürsten immer noch nichts Neues eingefallen, obwohl ich seit heute Morgen um vier Uhr unentwegt darüber nachgrübele. Irgendwann musste ich natürlich wieder an Luca denken und ein bisschen heulen.

Auch jetzt kommen mir bei dem Gedanken an ihn erneut die Tränen und ich muss mich zusammennehmen, um nicht mit roten Augen in der Schule anzukommen. You can't go on like this, Jackie; you don't want to be a **cry-baby**, ermahne ich mich frustriert. But it's enough to **drive** me **mad**. Luca is less interested in me than ever, and we have to find out who my secret poet is, **no matter what it costs** ...

I don't want to go to the police, though, überlege ich. I might get a nice, **harmless** boy in big trouble. On the other hand, I've had enough of all this. Oh dear, what the hell should I do? Und zum wohl hundertsten Mal

seit gestern beschließe ich: Jackie, you have to tell the police this afternoon. **Afterwards**, you will go home, go to bed and sleep for days.
Unwillkürlich muss ich gähnen. Ich bin völlig übernächtigt. Ach, ich weiß gar nicht, wie ich heute diese blöde Schule überstehen soll!
If things go on like this, I'll **fail** my life-saving **exam** on Monday, überlege ich düster. Jupp will be very disappointed. And Arndt will laugh at me. Since the Thursday before the last he's hardly even looked at me, anyway. Well, **I don't** really **blame him**. Ahem ... Shouldn't I learn the rules of life-saving this afternoon instead of sleeping? No, no chance; I'd **doze off** while I was learning.
Mitten in meine Gedanken hinein platzt plötzlich ein gellender Schrei, ein entsetzter, panischer, lauter Hilfeschrei. Es ist ... der Schrei eines Kindes!
Ich fahre herum. What happened? Ich horche und höre ein leises Plätschern vom Fluss her. Mit einem Schlag wird mir klar, was passiert ist: Someone's fallen into the river! It sounds like a child. Where? **Upstream**! Thank God it happened upstream, fährt es mir durch den Kopf, während ich in Strömungsrichtung zur nächsten zugänglichen Stelle des Flüsschens renne und mir unterwegs Jacke, Jeans und Schuhe vom Leib reiße.
Eher beiläufig registriere ich, dass es sich bei dem Kind vielleicht um einen kleinen Erstklässler handelt, jedenfalls schwimmt im Fluss so etwas

afterwards danach
to fail an exam bei einer Prüfung durchfallen
I don't blame him. Ich kann es ihm nicht verübeln.
to doze off eindösen
upstream flussaufwärts

wie eine neongelbe Kappe und einer dieser typischen Tornister für Schulanfänger mit reflektierenden Aufnähern.
Thank God for that, denke ich. If the **satchel** were on its back it would pull the kid **underwater** ... But how fast he's moving! What strong **currents** even a small river like this one can have! Unbelievable ...
The kid is nearly **level with** me now. Why on earth can't I get this damn shoe off? Never mind, I'll leave it on; I have to jump into the water now. I have to get to that kid! Das arme Kerlchen kämpft um sein Leben, es kann eindeutig nicht schwimmen. Die Ärmchen rudern verzweifelt, doch sein Kopf wird trotzdem immer wieder vom Wasser überspült.

satchel Ranzen
underwater unter Wasser
current Strömung
level with auf gleicher Höhe mit
to thrash (about) um sich schlagen

Ich stürze mich in den Fluss, spüre kaum, wie kalt er ist. Die Strömung erfasst mich beinahe sofort und sie ist sehr stark. At least the kid is still in front of me, denke ich erleichtert, and he's floating towards me really fast. I grab him ... now! Yeah, I've caught him, somewhere between his **thrashing** arms and kicking feet.
"Stay calm, I've got you!", rufe ich.
Aber das Kind ist völlig panisch, strampelt mit den Beinen und klammert sich wie verrückt an mich.
How strong the poor little frightened thing is ... Oh my God, he's dragging me under water!
"Ganz ruhig!", rufe ich jetzt auf Deutsch, aber ebenfalls ohne Erfolg. Es ist einer der schlimmsten Momente meines Lebens. Unerbittlich werde ich abwärts gezo-

gen, die Strömung treibt mich weiter ... Ich bekomme keine Luft mehr!
Jackie, if you don't **let go** of this child at once, you're going to drown as well!, schreit es in meinem Kopf. Doch fast gleichzeitig sagt eine andere innere Stimme, ganz ruhig und sehr entschieden: No, you're not going to do that. If you let this kid go, he'll die!
Ich lasse nicht los. Stattdessen fällt mir wieder ein, was ich gerade für den Rettungsschein gelernt habe: Grab the drowning person's hand and **press** with your thumb between his thumb and his **forefinger**. If you press hard enough, this is so **painful** that he will have to let you go.
Okay, Jackie, just do it! Hurry up, you need air!
Da werden die Bewegungen des Kindes plötzlich schwächer, ganz schnell geht das, und es hängt still in meinen Armen. Oh no, he's fainted!, wird mir klar. Every second counts now.

to let go loslassen
to press drücken
forefinger Zeigefinger
painful schmerzhaft

Meine eigenen Lungen drohen fast zu bersten. Mit aller Kraft, meine bewegungslose Last in den Armen, kämpfe ich mich durch das schnell strömende Wasser an die Oberfläche.
Endlich bin ich oben, atme tief, ganz tief ein, drehe mich fast gleichzeitig auf den Rücken und ziehe das ebenfalls auf dem Rücken liegende Kind auf meinen Bauch. Immerhin strampelt es nicht mehr, das macht die Sache bedeutend einfacher. Sein Kopf liegt auf meiner Brust, ich halte das Gesicht über Wasser und schwimme in Richtung Ufer.

Das ist schwerer, als ich gedacht hätte. Unerbittlich reißt mich die Strömung mit sich, Wellen schlagen über meinem Kopf zusammen, ich schlucke Wasser, spucke, huste ... und bekomme wieder Luft.
Let the kid go! You've got no chance!, befiehlt mir die aufgeregte innere Stimme.
No, sage ich zu mir selbst. I won't do it, **dammit!**
Wieder schwappt mir eine Welle übers Gesicht, ich pruste und spucke und keuche.

Dammit! Verdammt!
urgently dringend
to sweep (swept, swept) away fortreißen

How far am I from the bank ...? No idea. Ich bin der Verzweiflung nahe. I have to get there as quickly as possible. The kid **urgently** needs help! And I'm so terribly cold ... Am I getting nearer the bank, or **is** the river **sweeping** me **away**?, frage ich mich. Do I have any chance at all?
Umschauen kann ich mich nicht, dafür reicht meine Kraft einfach nicht mehr. Meine Beine schmerzen, meine Arme und Schultern sind verkrampft, trotz der Anstrengung friere ich erbärmlich. Das Wasser ist verdammt kalt.
Oh my God, flehe ich. Please, let me reach the bank! You can't let this child die!
"Ja, Jackie, bravo, gleich hast du's geschafft!", höre ich eine Stimme hinter mir.
Gott sei Dank, er hat mich erhört und Hilfe geschickt! Wer ist das? Ich kenne die Stimme irgendwoher, kann sie aber nicht zuordnen, hab wohl zu viel Wasser in den Ohren. Aber jedenfalls muss ich schon ziemlich nah am Ufer sein.
"Achtung! Vorsicht!"

Rrrrumms!
Etwas Spitzes, Schweres donnert mit Wucht gegen meinen Kopf und meine linke Schulter. Für einen Moment sehe ich nur noch Sterne. Ich beiße die Zähne zusammen.
No, Jackie, don't let the kid go!, hämmert es in meinem Kopf. Meine gefühllosen Finger krallen sich in der Kleidung des Kindes fest. You've almost reached the bank.
Das Etwas kratzt schmerzhaft an meinem Hinterkopf und an meiner rechten Schulter vorbei. Es scheint ein dicker Ast zu sein. Dann ist das Ding verschwunden und nun kann ich endlich, endlich aus den Augenwinkeln das nahe Ufer sehen.
Only a few more **strokes** and you're out of danger, ermutige ich mich. Ein allerletztes Mal beiße ich die Zähne zusammen. One more stroke, one more and ... Wieder nimmt mir eine Welle den Atem.

stroke *hier:* Schwimmzug

My God, I won't make it!, denke ich verzweifelt.
“Streck deinen linken Arm aus, Jackie, schnell!”, höre ich den guten Geist vom Ufer her rufen.
Ich gehorche automatisch, weil ich selbst schon gar nicht mehr klar denken kann. Der unbekannte Helfer packt meine Hand und zieht mich mit erstaunlicher Kraft durchs Wasser. Sekunden später liege ich zitternd im Matsch und ringe nach Luft.
“Jackie, du musst das Mädchen loslassen!”, befiehlt mir der Jemand mit erstaunlich ruhiger Stimme. Gleichzeitig entwindet er mir mit energischen Bewegungen den kleinen, schlaffen Körper.

Dann bin ich allein.
Oder nein, wohl doch nicht so ganz. Denn plötzlich schreit eine mir wohlbekannte Stimme: "Jackiiieee! What happened, for God's sake?"
Ich nehme mich zusammen, richte mich mühsam auf und erkenne mit verschwommenem Blick, dass Fiona auf mich zurennt.
I'm so glad she's here! My head hurts and my legs **ache**, everything's swimming in front of my eyes and I'm so terribly cold!, denke ich mit Mühe. Don't worry too much about it, tröste ich mich. You'll be all right. There's help now. The most important thing is: will the girl **come round**? Is she still alive?

to ache wehtun
to come round *hier:* wieder zu sich kommen
to breathe atmen

Der Helfer richtet sich auf, und bevor Fiona an ihm vorbeilaufen kann, sagt er im Befehlston zu ihr: "Stopp, ich brauch dich hier. Dringend."
Meine Freundin macht eine Vollbremsung, stößt ein entsetztes "Oh no, the poor girl!" aus und kniet neben den beiden nieder.
"**Is** she still **breathing**?", fragt sie dann.
"Sie atmet *wieder*", meint der Unbekannte, immer noch in diesem unfassbar ruhigen Ton.
Mir fällt ein Stein vom Herzen und ich schließe erleichtert die Augen. Die Stimmen der beiden dringen wie von weither an mein Ohr. Als ich die Augen nach einer Weile wieder öffne, ist mein Blick etwas klarer geworden und ich erkenne endlich, wer dieser Jemand ist, dem das Mädchen vermutlich sein Leben verdankt. Es ist … Marcel Mrosek.
Oh no, I don't believe it! Not him of all people!, fährt es

mir durch meinen malträtierten Kopf. Did he really **revive** the girl? Oh yes, of course, his father's a doctor and he taught him a lot about **first aid**. Right. That's what he told us after the accident we staged for Holger with our bikes. But I'd never have thought Marcel was capable of this.

"Did you really give her **artificial respiration**?", stößt Fiona hervor, vor lauter Aufregung immer noch auf Englisch.

"Ja, und ein wenig Herzmassage war auch nötig", erklärt er. "Jetzt brauchen wir aber möglichst schnell einen Krankenwagen. Hast du vielleicht ein Handy dabei?"

"Yes, of course", keucht Fiona, reißt ihr Telefon aus der Tasche, wählt und spricht in aufgeregtem Ton hinein. Zum Glück hat sie so viel Geistesgegenwart, dass sie dabei endlich auf Deutsch umschaltet.

Ich robbe ein Stückchen vom Ufer weg, lasse mich ins trockene Gras sinken und denke nach.

to revive wiederbeleben
first aid erste Hilfe
artificial respiration Beatmung
confident selbstbewusst
on one's own allein
exhausted erschöpft
cardiac massage Herzmassage
to matter darauf ankommen

Marcel. It was him who helped the girl, and me. How calm and **confident** he was! Without him, I'd never have made it. Even if I had managed to get to the river bank **on my own**, I'd never have been able to revive the child. Firstly, because I was **exhausted**, and secondly, because I only have a very vague idea about artificial respiration and **cardiac massage** and all that stuff. So when it really **mattered**, I'd probably have made all kinds of mistakes. How on earth did Marcel

do it? Well, **it doesn't matter** now. The most important thing is that the girl is safe.
"Wir müssen sie irgendwie warm kriegen", meint er gerade. "Kannst du ihr vielleicht deine Jacke umlegen, Fiona? Meine ist nämlich klitschnass. Hab ja eben bis zur Brust im Wasser gestanden."

It doesn't matter. Das spielt keine Rolle.

"Klar", meint meine Freundin.
So he got into the icy water in order to help us, registriere ich.
Ich hebe den Kopf an, so gut es geht, schaue zu Fiona hinüber und sehe, dass sie sich ihre Jacke ausgezogen hat und das Kind darin einwickelt. Sie hält das Mädchen fest in ihren Armen und drückt es wärmend an sich, während Marcel ihm die Schuhe und Strümpfe auszieht, um abwechselnd Hände und Füße zu massieren.
I have to get over there, beschließe ich. Maybe I can help them somehow. Ich stemme mich hoch und wanke in Richtung der drei.
Nun erst fällt mir auf, dass mir eine warme Flüssigkeit die linke Wange hinunterläuft und langsam auf mein nasses T-Shirt tropft. Mit Mühe, weil meine linke Schulter immer noch von dem Zusammenstoß mit dem Ast schmerzt, schaue ich dorthin. Alles rot.
Eek, that's blood!, erkenne ich. It looks like I've hurt my head. Oh dear, what on earth do I look like? A ghost, perhaps? Maybe even Dracula would run away from me. Well, I can't do anything about it now. And to be honest, I don't give a damn!
Nun bin ich bei den dreien angekommen und setze mich neben ihnen ins Gras.

"Oh my God!", ruft Fiona aus. "You look **like the walking dead**!" Dabei hält sie das Kind immer noch ganz fest umklammert.

Thanks for the **compliment**, denke ich und nicke schwach.

Marcel und Fiona schauen mich auch schon gar nicht mehr an, denn nun schlägt das Mädchen die Augen auf und sieht uns an, mit beinahe erstauntem Blick.

like the walking dead wie eine Leiche auf Urlaub
compliment Kompliment

"Gott sei Dank", murmelt Marcel. Dann sagt er lauter: "Hallo, ich bin Marcel. Und wie heißt du?"

Einen Moment schaut die Kleine ein bisschen verwirrt drein, doch dann meint sie mit schwachem Stimmchen: "Fiona. Fiona Küppers. Mir ist kalt!"

"Hey, ich heiße auch Fiona!", ruft die beste Freundin von allen begeistert aus und drückt das frierende Mädchen noch ein bisschen fester an sich.

Marcel schließt erleichtert die Augen und flüstert vor sich hin: "Sie ist offenbar klar bei Verstand. Ein Glück!" Und an das Mädchen gewandt fährt er fort: "Kannst du deine Hände bewegen und deine Beine?"

Fiona II ballt ihre Händchen zur Faust. Es dauert ein paar quälend lange Sekunden, aber schließlich zieht sie auch die Knie ein wenig an und wackelt mit den Füßen.

"Uff, das ist noch mal glimpflich abgegangen!" Marcel stößt die Worte regelrecht hinaus. "Mensch, Jackie, das hast du gut gemacht!"

Er umarmt mich und legt für einen Moment seinen Kopf gegen meine Schulter. Leider gegen die linke, was ziemlich weh tut. Ich zucke unwillkürlich zusam-

men. Spätestens morgen wird bestimmt mein ganzer Oberarm grün und blau. Aber selbst das ist mir im Moment ziemlich egal, denn auch ich freue mich riesig, dass die Kleine offenbar in Ordnung ist. Schließlich habe ich ja erst vor kurzem für meinen Rettungsschein gelernt, dass man bei zu langem Atemstillstand Hirnschäden bekommen kann. Doch es scheint, als habe das Kind alles unbeschadet überstanden.
Oh, what a **relief**!, jubele ich innerlich. Vor Rührung kommen mir sogar ein bisschen die Tränen, und während Marcel mich vorsichtig loslässt und sich wieder der kleinen Fiona zuwendet, schniefe ich leise vor mich hin.

relief Erleichterung

Kurze Zeit später hören wir ein Martinshorn, das schnell näher kommt, dann einen brummenden Automotor und schließlich das Knirschen von Rädern auf dem Kiesweg.
Ich wische mir über die Augen und drehe mich mit einer schmerzhaften Anstrengung um. Um uns herum beginnen sich Leute zu sammeln. Wahrscheinlich haben sie das Martinshorn gehört. Ich erkenne Goethe, Herrn Mindelgreis, den Schuldirektor, und Frau Finsch, die Schulsekretärin, die von allen nur Finchen genannt wird.
Nun sind der Arzt und die Rettungssanitäter bei uns. Während sie das Kind versorgen, erzählt ihnen Marcel, was passiert ist.
“Sie kann sprechen, sie erinnert sich an ihren Namen und Arme und Beine kann sie auch bewegen”, erklärt er.
Der Arzt atmet sichtbar auf. “Da hast du aber riesiges Glück gehabt, Kleine”, meint er und drückt dem Mäd-

chen die Hand. "Nun müssen wir dich nur noch warm kriegen."
Die Sanitäter bringen ein paar dicke Decken.
"Ohne Jackie hätte sie das nicht geschafft", meint Marcel und weist mit dem Kopf in meine Richtung. "Sie ist ins Wasser gesprungen und hat das Mädchen herausgezogen."
Der Arzt und die Rettungssanitäter sehen mich an und einer der Unfallhelfer kommt mit schnellen Schritten auf mich zu und inspiziert mein Gesicht, wobei er mir vorsichtig in die Haare fasst.
Ouch, that hurts!, denke ich und verziehe schmerzhaft das Gesicht.
"Du hast eine ziemlich große Platzwunde", meint der Sanitäter. "Ist nicht schlimm, aber sie muss genäht werden. Und du zitterst vor Kälte, deine Lippen und deine Finger sind ganz blau. Am besten nehmen wir dich auch gleich mit."
"Nein!", protestiere ich. "Nicht ins Krankenhaus, bitte! Mir geht's gut, ich geh lieber später zum Arzt."
In Wahrheit will ich mich im Moment einfach nicht bewegen, weil mir alles weh tut. Außerdem hasse ich Krankenhäuser seit meiner Blinddarmoperation wie die Pest.

to rest
sich ausruhen

I just want to sit here and **rest**, denke ich. The only things I'd like are a warm blanket and a cup of hot tea.
Der Sanitäter sieht mich prüfend an. "Na gut, meinetwegen", meint er. "Die Kopfwunde hat aufgehört zu bluten. Warte ..." Er spricht kurz mit dem Arzt, dann holt er eine dunkelgraue Decke aus dem Krankenwagen und hängt sie mir um. Ganz fest kuschle ich mich

hinein. Der Sanitäter legt mir seine Hand zielsicher auf die schmerzende linke Schulter und erklärt: "Doktor Theurer meint, es wäre vielleicht sogar besser, wenn du vorläufig hier bleibst, weil wir dich in diesem Krankenwagen ohnehin nur sitzend transportieren könnten. Wir schicken später eine zweite Ambulanz nach. Du gehst mit den andern in die Schule und wartest dort im Krankenzimmer. Dein Direktor hat versprochen, dich so lange ordentlich warm zu halten. Davon abgesehen: Herzlichen Glückwunsch! Die Rettungsaktion war große Klasse."
"Danke." Ich nicke vorsichtig und bin heilfroh, als er endlich seine schwere Hand von meiner Schulter nimmt.

siren Sirene

Das kleine Mädchen ist schon im Krankenwagen. Die Sanitäter schließen die Türen, steigen zusammen mit dem Arzt ein, dann fährt das Auto los.
The **siren** isn't on, stelle ich erleichtert fest. So the girl must be out of danger. Well, it seems that I really did a good job.
Trotz Erschöpfung, Schmerzen und Kälte fühle ich zum ersten Mal so etwas wie leisen Stolz.
Langsam zerstreut sich die Menschenmenge, zum Glück! Nur der Direktor, Finchen und Goethe bleiben bei uns.
"Ihr wart wirklich prima", meint Herr Mindelgreis in ungewohnt herzlichem Ton. "Die Schule kann stolz auf euch sein."
Mühsam schaue ich zu ihm auf und grinse schief. Dabei merke ich an meinem leicht verengten Gesichtsfeld, dass mein linkes Auge langsam zuschwillt.

Oh no! Not a **black eye**!, jammere ich in Gedanken. I guess I won't dare to go out for a week at least.
"Jackie und Marcel brauchen unbedingt trockene Kleider und etwas Heißes zu trinken", sagt Finchen zum Direktor. "Die sind ja völlig durchgefroren. Ich geh gleich mal nachschauen, ob wir etwas Trockenes zum Anziehen auftreiben können", erklärt sie und marschiert eilig Richtung Schule davon.

black eye blaues Auge
knickers Höschen

Das bedeutet, das ich jetzt doch aufstehen muss. Mühsam komme ich auf die Beine. Dabei hab ich ein Gefühl, als würde mir gleich der Kopf bersten. Außerdem dreht sich schon wieder alles um mich herum...
Marcel springt auf, macht einen schnellen Schritt auf mich zu und legt stützend den Arm um mich. Diesmal bin ich es, die ihren Kopf an seine Schulter lehnt. Natürlich nur, weil mir so grauenhaft schwindlig ist.
"Jackie, könnte es sein, dass du eine Gehirnerschütterung hast?", fragt mich Goethe besorgt.
"Glaub ich nicht", bringe ich mit etwas Mühe hervor.
"Ich denke, sie ist einfach nur völlig fertig", vermutet Marcel. "Sie hätten mal sehen sollen, wie sie gegen das eiskalte Wasser angekämpft hat. Das war ... echt heldenhaft."
Ich will es kaum zugeben, aber diese Worte tun mir gut. Sogar wenn er das sagt.
Fiona rennt flussaufwärts, um meine abgeworfenen Kleider und meine Schultasche einzusammeln. Und da wird mir plötzlich bewusst, wie ich aussehe: Jackie! You're wearing nothing but your T-Shirt and **knickers**, plus one sock and one shoe. And all this in front of

your **headmaster** and your German teacher. Embarrassing!

Ich ziehe die Decke so eng wie möglich um meinen Körper und wanke auf Marcel gestützt in Richtung Schule. Zum Glück ist unser Bildungsschuppen nur ein paar hundert Meter von hier entfernt.

Der Direx lotst uns durch einen Hintereingang in das Schulgebäude. Dort kann ich mir endlich die nassen Klamotten ausziehen, mich auf die Liege im Krankenzimmer neben dem Schulsekretariat legen und mich mit einer kuschelig warmen Decke zudecken.

headmaster
Schuldirektor

Marcel zieht sich auf der Toilette um, Finchen bringt ihm eine halbwegs passende Sporthose und ein T-Shirt, die sie wer weiß wo aufgetrieben hat, und der Direktor persönlich kredenzt mir einen großen Becher heißen Tee.

Ich schiebe mir das Kissen in den Rücken, setze mich vorsichtig auf und schlürfe das heiße Getränk, während im Sekretariat das Telefon klingelt und Herr Mindelgreis mit eiligen Schritten hinausgeht.

"Jetzt aber ab in den Unterricht, Leute! Die erste Stunde hat längst begonnen." Dem Stimmengewirr nach zu urteilen, verscheucht Goethe gerade massenweise Schüler. Die Sache mit dem um ein Haar ertrunkenen Mädchen scheint sich bereits herumgesprochen zu haben.

"Ja, ihr dürft natürlich rein", sagt er dann.

Ich höre die Stimmen von Fiona und Marcel, die sich langsam durchs Sekretariat in Richtung des Seitenraumes bewegen. Es klopft an der Tür und die beiden strecken ihre Köpfe herein.

Allerdings sehe ich im Moment nur Marcel, vermutlich weil er mich mit seinen hellblauen Augen so erfreut anstrahlt. Vielleicht auch, weil mir jetzt, wo er ein viel zu enges T-Shirt trägt, zum ersten Mal auffällt, was für kräftige, muskulöse Schultern er hat.
I'm sure he does some kind of sport, denke ich. I'll have to ask him which.
Jetzt kommt er zu mir her und sieht mich fürsorglich an.
"Na, wie geht's?", fragt er und es klingt beinahe zärtlich.
"Leidlich", antworte ich. Mehr bringe ich nicht raus, weil mein Herz gerade zu heftig klopft. Meine Stimme kommt mir furchtbar leise vor. Das muss eine Nachwirkung des Kälteschocks sein.
Marcel setzt sich neben mich. Er nimmt meine Hand und ich ziehe sie nicht zurück.
"Das war eine sensationelle Aktion", sagt er. "Du bist wirklich mutig und ausdauernd, eine große Kämpferin."
"Wir sind ein gutes Team", hauche ich, weil ich immer noch kein lautes Wort zustande bringe. "Ohne dich hätte das Mädchen es garantiert nicht geschafft. Ich hätte dir nie zugetraut ..." Dann versagt mir die Stimme.
Mein Blick fällt auf Fiona im Hintergrund, die mit völlig verdattertem Gesicht von mir zu Marcel und dann wieder zu mir schaut.
Did I say something wrong?, frage ich mich. Marcel did a good job, didn't he? So why shouldn't I tell him? Just because I don't like him? Although ...
Es klopft an der Tür, Goethe schaut herein und mustert uns kritisch.

"In zehn Minuten beginnt die zweite Stunde", meint er. "Fiona, fühlst du dich fit genug, am Unterricht teilzunehmen?"
Fiona nickt nur, wobei sie ihren Blick nicht eine Sekunde lang von uns wendet.
"Prima", stellt Goethe fest. "Wir schreiben nämlich einen unangekündigten Deutschtest. Also marsch, marsch, ab in die Klasse!"
"Oh nein! Sie sind ja so gemein!", ruft Fiona entrüstet.
"Ja, so bin ich eben", meint Goethe mitleidlos und fährt fort: "Bei Jacqueline ist das natürlich was anderes. Die kriegt selbstverständlich frei."

See you later.
Bis später.

Fiona schnaubt. Dann sieht sie Marcel und mich noch einmal *sehr* eigenartig an und meint: "Well, then I'd better get out of here. Bye, Marcel. **See you later**, Jackie."
Zusammen mit Goethe verlässt sie das Zimmer und Marcel und ich bleiben allein zurück.
Einen Moment lang schaut er mich an, dann sagt er: "Du brauchst wirklich einen Arzt, fürchte ich."
"Seh ich so furchtbar aus?", brumme ich frustriert.
Er grinst. "Der Situation angemessen, würde ich sagen. Ruf mich so bald wie möglich an, damit ich weiß, wie's dir geht."
"Mach ich. Hast du einen Kugelschreiber? Du kannst mir deine Handy-Nummer auf den Arm schreiben, dann vergess ich es nicht."
Von einer Sekunde auf die andere wird er puterrot im Gesicht. Er ist nahe daran, die Fassung zu verlieren. What's going on?, denke ich. He looks as if he's about to faint.

Aber er fällt nicht in Ohnmacht. Stattdessen scheint er plötzlich einen mittelschweren Sprachfehler zu entwickeln.
“Äh ...”, macht er nur und dann noch einmal “Äh ...”
“Ja?”
“Äh ...”, setzt er das anregende Gespräch fort. “Äh ... könntest du nicht vielleicht auf unserem ... äh ... Festnetz-Telefon anrufen?”
“Meinetwegen”, stimme ich verwirrt zu. “Aber ich bin bestimmt fertig beim Arzt, bevor du zu Hause bist. Handy wäre also bedeutend besser. Du hast doch eins, oder nicht?”
“Äh ...”, meint er schon wieder. “Äh ... doch, hab ich. Oder eigentlich ... nein.” Nun wird seine Gesichtsfarbe noch dunkler.
What's the matter with him?, frage ich mich nun ernsthaft. Has he got **concussion** too? Or why does he keep **stammering** this **nonsense**?
“Also gut, meinetwegen”, meint er jetzt, plötzlich wieder ohne zu stottern, zieht einen Kugelschreiber aus seiner Schultasche, nimmt meinen Unterarm, schreibt mir ein paar Zahlen drauf und hält ihn mir so vor die Nase, dass ich die Nummer lesen kann.

concussion Gehirnerschütterung
to stammer stottern
nonsense Unsinn
incredible unglaublich

Ich lese. Und lese. Es macht klick. Nein. Das kann nicht wahr sein!
“*You*?”, stoße ich hervor und für ein paar Sekunden wird mir schon wieder schwindelig. In meinem Brummschädel purzeln alle Gedanken durcheinander.
But ... but that's impossible, **incredible**, it's absolute-

ly unbelievable! I've been afraid of the 'unknown madman' for nearly two weeks now, I've been chasing and checking out boys in every possible way, I even suspected Goethe ... and my secret poet is Marcel Mrosek! Of all the guys I know he's the last one I'd have considered. And I don't like him at all.
I mean: I *didn't* like him at all ... until this morning.
Als ich mich wieder einigermaßen gefasst habe, sehe ich ihn an und schlucke. Ich weiß einfach nicht, was ich sagen soll.
Beschämt senkt er den Blick. "Na, ja, weißt du ..." Er holt tief Luft. "Sag's bitte keinem weiter, aber ich bin in dich verknallt, schon seit Monaten." Er schweigt betreten.
I simply can't believe it, denke ich fassungslos, aber ich sage keinen Ton.
Nach einer endlosen Minute, in der wir uns gegenseitig anschweigen, druckst er herum: "Mir ist völlig klar, dass du mich überhaupt nicht leiden kannst." Er spielt nervös mit dem Kugelschreiber herum und weiß irgendwie nicht, wohin mit seinen Händen. "Du dachtest ja immer, ich könnte dich auf Englisch nicht verstehen. Deshalb hast du mit Fiona immer ganz offen über mich geredet, selbst wenn ich in der Nähe war." Zu meinem Schrecken schaltet er jetzt in ein lupenreines, wenn auch ziemlich breit ausgesprochenes Englisch um. "But in fact I understood every word you said. My family lived in **the States** for two years."

the States
die Staaten

Oh dear, how embarrassing, denke ich. That was really mean. If I'd only known!

awake wach
to bear (bore, born) sth etw ertragen
on the spot auf der Stelle

"But", und nun bricht es regelrecht aus ihm heraus, "I tried absolutely everything, and I just couldn't forget you. I lay **awake** night after night, thinking of nothing but you. Once, when I couldn't sleep, I wrote a poem for you. And one day ... er ... about two weeks ago, I couldn't **bear** it any longer. So I sent you the first poem by text message, then a second ... and a third. And of course I watched the swimming competition. You looked so beautiful in that ... er ... exciting bikini that I wrote another one for you **on the spot**." Er wirft mir einen tieftraurigen Blick zu, der mir das Herz schmelzen lässt. "You can hit me now, or shout at me and tell me to leave you alone forever."
Zum Ohrfeigen und Anschnauzen bin ich im Augenblick viel zu fertig. Und was das Für-immer-in-Ruhe-Lassen betrifft ... Ich weiß nicht, warum, und lange darüber nachdenken kann ich jetzt auch nicht, sonst muss ich gleich heulen vor Rührung. Ich richte mich auf, lege Marcel den rechten Arm mit seiner Handynummer um den Hals, drücke ihn an mich ... und bin fast selbst überrascht von meinen eigenen Worten: "No, no. I like you. I really do. The only problem was that I didn't notice until a few minutes ago."
"Are you serious?", fragt er ganz leise, als ich mich ein wenig von ihm löse, um ihn ansehen zu können, immer noch den Arm um seinen Hals. Die Ungläubigkeit steht ihm ins Gesicht geschrieben.
"Absolutely serious", hauche ich, aber diesmal nicht wegen meiner schwachen Stimme. Wir sehen uns tief

in die Augen, noch tiefer, seine sind unbeschreiblich schön, warum habe ich das nie bemerkt? Ich ziehe ihn noch ein wenig zu mir heran und zum ersten Mal in meinem Leben gebe ich einem Jungen einen richtigen, langen, wundervollen, unbeschreiblich zärtlichen Kuss, während die Schulglocke ihre schrille Musik dazu macht.

Wir schrecken erst auf, als plötzlich die Tür aufgeht und der Direx hereinschaut.

to arch one's back einen Buckel machen
to spit (spat, spat) spucken

"Hi, Dracula, it's ages since I saw you", begrüße ich meinen Kater.

I'm amazed your fur isn't standing on end, that you don't **arch** your **back** and run away **spitting**, denke ich. Denn mit meiner inzwischen genähten und dick verbundenen Platzwunde am Kopf, meiner grün angeschwollenen linken Wange und meinem blauen Auge sehe ich aus wie Lady Frankenstein. Außerdem war ich drei Tage lang nicht zu Hause, denn der Arzt hat mich übers Wochenende zur Beobachtung ins Krankenhaus geschickt. Und jetzt hab ich eine ganze Woche schulfrei. Not bad at all, finde ich.

Die Prüfung für das Rettungsschwimmer-Abzeichen, die heute Nachmittag stattfinden wird, muss ich leider irgendwann später nachholen. Zum Glück, denn ich hab immer noch keinen Schlag dafür getan. Schade, dass meine Heldentat von letzter Woche dafür nicht anerkannt wird. Na ja, die Prüfung ist ja auch Theorie. Gelangweilt habe ich mich im Krankenhaus trotzdem keine Sekunde lang, denn ich hatte reichlich Besuch.

Von meinen Eltern natürlich und auch von den Eltern der kleinen Fiona. Die waren immer noch völlig geschockt und wussten vor lauter Dankbarkeit gar nicht, was sie machen sollten.
Dann war noch ein Reporter bei mir und morgen früh wird ein Artikel über mich in der Zeitung stehen mit der Schlagzeile:

DIE HELDIN VON KÖLN
Stadtmeisterin im Schwimmen rettet kleines Mädchen vor dem Ertrinken

Klingt doch krass. Der Journalist hat mich natürlich auch fotografiert, zum Glück von meiner rechten Seite und diesmal auch nicht im Bikini.
Fiona, die beste Freundin von allen, war zweimal da und sogar Maire ist gekommen, mit Luca im Schlepptau. Ich bin gar nicht mehr eifersüchtig auf sie und mein Liebeskummer ist geheilt. Denn einer war ganz oft bei mir – die Rede ist von Mr M.M. Von wem sonst?
Das alles erzähle ich jetzt Dracula.
Der scheint sich an meinem Horror-Look nicht im Geringsten zu stören. Im Gegenteil: Er streicht um meine Beine, springt auf meinen Schoß und drückt sich schnurrend an mich, als wolle er sagen: “Hey, I’m glad you’re back again! You look wonderful. No, really. Didn’t I always tell you that the cats with the scratches and the scars are the bravest and the best?”